品味张家界

流云·编著

湖南地图出版社·长沙

图书在版编目（CIP）数据

品味张家界 / 流云编著 . -- 长沙：湖南地图出版社，2023.11

ISBN 978-7-5530-1461-6

Ⅰ . ①品… Ⅱ . ①流… Ⅲ . ①旅游指南－张家界市 Ⅳ . ① K928.964.3

中国国家版本馆 CIP 数据核字 (2023) 第 205610 号

品味张家界

PǏNWÈI ZHĀNGJIĀJIÈ

编　　著：流　云

责任编辑：蒋秀芝　刘海英

装帧设计：易鹏翔

⋯⋯⋯⋯⋯⋯⋯⋯⋯⋯⋯⋯⋯⋯⋯⋯⋯⋯⋯⋯⋯⋯⋯⋯⋯

出版发行：湖南地图出版社

地　　址：湖南省长沙市芙蓉南路四段 158 号

邮　　编：410118

⋯⋯⋯⋯⋯⋯⋯⋯⋯⋯⋯⋯⋯⋯⋯⋯⋯⋯⋯⋯⋯⋯⋯⋯⋯

出　　品：湖南云逸文化旅游发展有限公司

印　　刷：湖南印美彩印有限公司

印　　张：5.75

印　　数：1—5000

开　　本：889mm × 1194mm　1/32

字　　数：170 千

版　　次：2023 年 11 月第 1 版

印　　次：2023 年 11 月第 1 次印刷

书　　号：ISBN 978-7-5530-1461-6

定　　价：58.00 元

服务电话：0731-85585335（若质量问题，可直接与本社联系调换）

序

旅行，
是人生的一种修炼

文 / 流云

　　"读万卷书，行万里路。"而对于旅行与旅游，据有关资料介绍两者之间有共性，也存在差异。旅游通常是游览与游玩，以团体为主，而且时间上安排比较紧凑；旅行则是以个人，或者是小团体为主，是具有一定的个性色彩的山水行吟与人文风情的体验与慢行。

　　2023 年 2 月 1 日至 2 日，央视科教频道《跟着书本去旅行》节目热播，引起了广大观众的热切关注。而作为该节目中的主讲嘉宾——"流老师"带着几名少年中学生，行走在张家界的奇山异水中，并由我讲述张家界从"养在深闺人未识"到成为国际旅游目的地的全过程。此外，央视导演还整合了电视剧《西游记》、国际电影大片《阿凡达》拍摄原型地以及动植物、地质地貌、美学、文学等相关知识的讲解，让我对旅行有了更深刻的认识：如果以书本阅读作比拟，旅游是对风景的泛读，而旅行则是精读。

　　有人说张家界是人间仙境，也有人说它是诗画之源。而我却认为它是一部百读不厌的百科全书，以武陵源的黄石寨、天子山、袁家界、杨家界为代表的"张家界地貌"是地质学、生态环境学的杰作；金鞭溪、十里画廊、宝峰湖是精美的散文诗篇；黄龙洞集洞穴学之大成，天门山汇鬼谷玄学、喀斯特地貌、极限运动、佛教圣地、文化创意、大众传播学于一体；张家界大峡谷玻璃桥在世界桥梁史上创造了奇迹，而瀑布飞流、彩虹倒影、艺术天梯、飞拉达、蹦极运动所彰显的是生命的哲学意义；让人洗身与澡心的湘西北第一家温泉度假村（江垭温泉）是水文地质与健康休闲的范本；至于，那千娇百媚的茅岩河则是澧水文明与民族风情相结合的动人歌谣。

如果说山水是形，而厚重的历史文化与多彩民族风情所锻造的精神品格则是魂了。好吃、好住、好行、好玩、好听、好看等无不是旅行的重要因素，也是真学问。只有读懂弄通才会有愉悦感，也是品质旅游的硬核。作为一位拥有三十多年文化旅游工作经验，曾是张家界市导游协会主要创始人之一，市旅游局旅游人才培训与导游管理机构原负责人，历任市旅游协会秘书长、市导游协会四届秘书长，市文化旅游（智库）研究院创始人并任理事长（法人代表），编写了《中国张家界旅游必读》《导游张家界》（原创导游词精选）与发现并培养出了百余名旅行社、景区与酒店职业经理人、优秀导游员等，我觉得有责任有义务把张家界最美的风景、最优质的旅游产品呈现给来张家界旅行的朋友们！

"可读、可循还可还原的读本，既有故事，又有原物还有场景。"获悉我要为广大游客编写旅行指南式的读本后，武陵源区委一位领导给我留言。他还希望"让游客从书本中寻找张家界现实中的旅行快乐"。于是，不是单纯的游记散文，又不同于普通意义的导游词。但是，要兼具可读性与实用性，是一种"抛砖引玉"式的旅行生活解读或向导罢了！但愿我们在旅行中有美好的相遇！

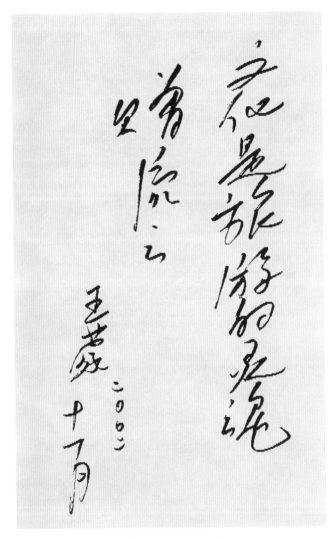

文化是旅游的灵魂

王蒙 二〇〇二 十月

2019 年在新中国成立 70 周年之际，作家王蒙获得"人民艺术家"国家荣誉称号。其代表作《青春万岁》《组织部来了个年轻人》等深受广大读者喜爱，曾任国家文化部部长。而"文化是旅游的灵魂"为王蒙先生为本书编著者流云题赠

早在 20 世纪 80 年代，以《养在深闺人未识》一文使张家界这颗风景明珠名扬天下的著名画家吴冠中画作《自家斧劈——张家界》被法国一家博物馆收藏。流云三访吴冠中而结下山水情缘

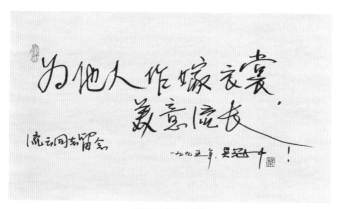

著名画家吴冠中题

目　录

第 4 章　特辑

第1章

旅行笔记

L Ǔ X Í N G   B Ǐ J Ì

内容提要　奇山异水张家界——养在深闺人未识（上）

　　有人说张家界是人间仙境，也有人说它是诗画之源。而我却认为它是一部百读不厌的百科全书，以武陵源的黄石寨、天子山、袁家界、杨家界为代表的"张家界地貌"是地质学、生态环境学的杰作；金鞭溪、十里画廊、宝峰湖是精美的散文诗篇；黄龙洞集洞穴学之大成，天门山汇鬼谷玄学、喀斯特地貌、极限运动、佛教圣地、文化创意、大众传播学于一体；张家界大峡谷玻璃桥在世界桥梁史上创造了奇迹，而瀑布飞流、彩虹倒影、艺术天梯、飞拉达、蹦极运动所彰显的是生命的哲学意义；让人洗身与澡心的湘西北第一家温泉度假村（江垭温泉）是水文地质与健康休闲的范本；至于，那千娇百媚的茅岩河则是澧水文明与民族风情相结合的动人歌谣。

仙山黄石寨

如果说到张家界旅游，黄石寨则是必选的精品游览线之一。这座山是由诸多悬崖峭壁共同托起的一块南高北低的台地，其面积16.5公顷，顶部有5公顷茶园，四周多是悬崖绝壁，被苍劲虬曲的古松覆盖，保持了原始森林的风貌。所以，有人认为它是张家界美景最集中的地方，也是最大的凌空观景台。

"会当凌绝顶，一览众山小。"登临黄石寨首选为乘黄石寨索道，它是由台湾瑞展公司与张家界国家森林公园管理处合作兴建，始建于1995年，是张家界市第一条观光索道。它线路水平距离990米，高差431米，运行速度每秒9米，设备为法国波马公司引进，安全性能可靠、舒适度高，从山下至

山顶仅需约 6 分钟。而乘索道上山不仅是快捷，还能体验到穿越峰林奇观，近距离与风景对话的愉悦感。从开发到经营管理，黄石寨索道原总经理、台湾同胞张辅仁先生与他的继任者，也是他的儿子张嘉元先生两代人付出了不少心血，也写下了不少动情的故事。

"张家界顶有神仙"，有人如此赞叹。而在黄石寨环寨游，美不胜收。先是一个"金龟探海"，只见石台上有一块酷似海龟的石头静静地趴着似是要游向大海，每当云雾缭绕时便活灵活现。日出日落时，运气好的话可以见到一轮红日落在石龟口中，于是，便有"金龟含日"之胜景。与"金龟含日"相邻处便是"后卡门"。只见那两壁陡立，岩门为卡，大有"一夫当关，万夫莫开"之势。据说，此处曾是消除匪患的必争之地。接下来，再逐步观赏天桥遗墩、飞云洞、海螺峰、黑枞垴、前花园、五指峰、摘星台等绝美风景，可以领略到拔地而起的一座座峻峭的山峰，一缕缕薄如轻纱的云烟，一棵棵长在峰骨中的黄石松，一阵阵夹杂着花香的清风，恍若仙境一般。于是，人称：

黄石寨晨景　熊宗喜 / 摄影

黄石寨索道　易鹏飞/摄影

"不到黄石寨，枉到张家界。"

　　山奇、水奇、云奇、石奇、动物奇、植物奇，早在1991年建成的"六奇阁"位于黄石寨顶。从"六奇阁"可以远眺袁家界、天子山、杨家界，甚至于天门山。此外，如果时间允许，还可以徒步行走而观赏前山的南天门、南天一柱、定海神针、点将台、天书宝匣、大岩屋等景点，不过需要较强的体力，耗时也要两小时左右。到黄石寨可以赏梅，又可观松与修竹，有岁寒三友之说。而一次又一次到黄石寨，如见故友一般，万千思绪，似是一种情感的寄托；每一座山峰都是有生命力的，亿万年的等待就是一场美丽的约会。一对老年夫妇告诉我，黄石寨的风景是有灵性的，它让人神清气爽，宛如仙风道骨一般。我说，它就是人间仙境啊！◆

缱绻 金鞭溪

最有诗意、最有神韵、最让人怦然心动的景区就是金鞭溪了。无论是朝霞满天，还是烟雨蒙蒙；不管是鸟语花香的春天，还是硕果累累的金秋，每一次游览金鞭溪都会让人心旷神怡，美不胜收。特别是夏日的金鞭溪，置身其中可以呼吸到清新的空气，还能感受到它特有的清凉。有人说，它是天然大氧吧，也是一个充满神话色彩的自然宝库。

从山顶看风景多是俯视，而金鞭溪则是仰视峰林奇观。春天，绿意盎然，溪水潺潺；秋天，层林尽染，野果飘香；冬天，白雪皑皑，冰清玉洁；最是夏日金鞭溪，群猴戏水，生动活泼。你抹一把溪水涂在脸上便是清爽，你将脚伸进水里便有了舒畅。早在 20 世纪 80 年代初，著名作家沈从文来到金鞭

金鞭溪之秋　彭立平 / 摄影

溪，他一屁股坐在溪边的大石头上，还用脚在溪中踩出几片水花儿。当有人劝他离开时，他竟然赖在石头上说："这里好，这里美，我不想走了！"后来，沈从文留下了"幽深金鞭溪"的诗句。

金鞭溪从森林公园老磨湾至水绕四门，全程近7千米，徒步约需三小时。而金鞭溪因金鞭岩而得名，但见一座高约350米，孤标直立，雄奇挺拔的石峰的峰体上窄下粗，四棱分明，节理横纹，形成鞭节，状似一条长鞭直插云霄。每逢太阳照射，那石英砂岩中的石英与阳光相映衬透出金光闪闪，故称为金

鞭。相传古代秦始皇运用此鞭赶山填海，民不聊生。后来，东海龙王的小女儿龙霞公主从秦始皇处偷换金鞭至此后被发现遭到杀害。结果，龙霞公主的点点血迹幻化成了龙虾花。如此，在金鞭溪游道两旁长满了酷似虾形

金鞭溪　李纲/摄影

春雾金鞭溪　宋国庆/摄影

的花，也寓意着呵护苍生的龙霞公主的牺牲精神品质。在金鞭岩旁还有酷似一只老鹰的巨石紧紧连在一起，被称为神鹰护鞭了。

"清清流水青青山，山如画屏人如仙。仙人若在画中走，一步一望一重天。"有诗人曾如此描绘过金鞭溪的美景。在这如少女般清纯的眼睛的溪谷中，不仅是充满诗意的，也是神话般的世界。1986 年，中央电视台《西游记》之"三打白骨精"拍摄地就在金鞭溪。而诸如神话中《宝莲灯》的"劈山救母"与"闺门迎宾""母子峰""合欢树""醉罗汉""千里相会""紫草潭""文星岩"等无不充满了人文色彩，所表达的是亲情、爱情与友情。可以认为，金鞭溪是有爱的游览线。

"金鞭溪水绵绵意，草木有情，山石有情，十里香风扑面迎。"有人说，望一眼金鞭溪的绿意能治病，那是回归自然的相思病。不过，尘世纷扰，金鞭溪让一颗疲惫的心得到放松与舒展，到天然大氧吧来洗肺：它是文化之旅、健康之旅、审美之旅，也是回归之旅！◆

旷达**袁家界**

"阿凡达很远，张家界很近。"十多年前，张家界旅游界流传着如此响亮的口号，也是旅游营销的广告语。那么，到袁家界去看美国科幻电影《阿凡达》中悬浮山实景拍摄地"乾坤柱"则成为许多中外游客的目的之一。于是，从索溪峪或者金鞭溪等处抵达水绕四门后，与袁家界便近在咫尺，还有那让人惊心动魄的体验感也出现了。

上袁家界，乘百龙天梯。而有"中国埃菲尔铁塔"之美称的百龙天梯垂直高差 335 米，运行高度 326 米；由 154 米山体内竖井和 172 米贴山钢结构构成。它采用了三台双层全暴露观光电梯分体运行，从山脚到山顶，仅需 1 分 28 秒。据有关资料显示，百龙天梯目前具有三项世界之最：世界最快的双层观光电梯，世界载重量最大与速度最快的电梯。从山体内到山外，似乎是经历天上人间一样，那瞬间出现的峰林奇观——"神兵聚会"独特视角美感将冲击你的脑神经，你一定会发出惊叹："风景这边独好！"

"当年沧海忽腾烟，涌出万峰柱南天。华夏名山三十六，最奇最幽是此山。"从百龙天梯上站转乘环保车至迷魂台停车场后行 100 米处，只见千峰竞秀，排山倒海，云缠雾绕，似琼楼玉宇，若隐若现；游人至此则心旷神怡，有神魂颠倒之感。于是，有人将此处命名为"迷魂台"。继而，沿环山游道行走，无处不是风景。不过，一般大家会迫不及待地寻找那悬浮山之原型地"乾坤柱"

了。不急，来到一座铁桥处便见一拔地而起的石柱，它气宇轩昂，非同凡响，不愧是具有国际影响力的电影《阿凡达》拍摄原型地，颇有一些大腕的气派，引来人们争相观看与拍照。"百闻不如一见"，有人千里迢迢赶来只为见一下这位"国际范儿"哩！

如果说百龙天梯、乾坤柱具有世界影响，而"天下第一桥"也堪称一绝了。在两座山之间有一座天然的自生石桥，其桥面宽约3米，厚约5米，跨度约50米，高度约400米。如此非人工建造，乃自然生成的桥极为罕见，故有"天下第一桥"之美称。作家罗长江有诗称："我真想折下长虹作钓竿去天桥垂钓，钓云海浴出的星星，钓神话孵出的太阳；要不，钓去整座张家界给全世界看看，天桥呢，便赠给两地分居的织女和牛郎。"

"居人共住武陵源，还从物外起田园。"据有关资料显示袁家界景区面积为1200公顷，平均海拔1074米。除了奇峰怪石外，有一处绝景也成为人们向往的地方。在悬崖之上，凌空托起的一个小台地，竟然有40多丘大小不

袁家界 熊宗喜/摄影

阿凡达之恋　龚朝阳／摄影

一的稻田，然是惹人喜爱。置身于此，如到了世外桃源一般，也有人间烟火气。当地居民为留住乡愁，还原生活状态，将生态民俗博览、非遗文化体验、仙境田园观光、云上美食品鉴等融为一体，形成人文景观"袁家寨"，成为远去的故里，梦中的家园。如此，从某种程度上看，也丰富了旅游业态。到袁家界赏美景、品美食，让广大游客留下美好的记忆！◆

空中田园　熊宗喜／摄影

膜拜天子山

　　"谁人识得天子面，归来不看天下山。"仅此一说，便让人对张家界天子山有了一种莫名的冲动与向往，甚至于有了膜拜的感觉。如果说它是"集三千宠爱于一身"是不为过的。因为，张家界有"三千奇峰、八百秀水"之美誉，而天子山是"峰林之王"，它是张家界旅游的核心吸引物。所以，游览天子山就是到了峰林王国。

　　天子山首先震撼我的是高度。它位于武陵源西北部，总面积达 67 平方千米，最高点是昆仑峰，海拔 1262.5 米，其地势为台地地貌，中间高，四周低，从而让人觉得视野开阔，透视线长，这是一种地理高度。因此，上天子山最便捷的方式是乘天子山索道，且能体验出另一种审美意义。而另一种则是精神上的高度，被称为第三千零一峰的贺龙元帅铜像屹立于"云青岩"之上，

天子山御笔峰　邓昌勇／摄影

像高 6.5 米，将贺龙元帅戎马一生的光辉形象充分展示，也是不忘初心，勇于担当，甘于奉献的精神象征。

天子山之所以为"天子"，其说法有三：一是东汉时期的相单程在此以"向王天子"廪君的名义召集土民起义；二是南宋时期，向龙在此自称"向王天子"，以对抗朝廷；三是明朝初年，当地农民首领向大坤率众举义，且自称为"向王天子"。虽然，三种说法分属不同朝代，但以"向王天子"之称是共同的，不过，后人对向大坤之"向王天子"比较认同，从而天子山得名及相关景点的传说故事也与向大坤密切相关，比如"将军岩"是"向王天子"的化身，而"天子庙""神堂湾""点将台"等景点留下了许多"向王天子"的传奇故事。因为这位杰出的人物也给一座座山峰注入了生命的气息，有了历史的厚重感。

云海、石涛、冬雪和夏日乃天子山四大绝景。而我以为天子山是最具有个性色彩的，有人认为它的神奇在于烟云缭绕的奇峰怪石，如柱、如塔、如剑、如笋、如碑、如人，低者数十米，高者数百米，异彩纷呈；如仙女散花，那石头幻化成一位饱含深情的少女，挎着花篮，面带微笑，撒向人间的是幸福的花雨。而"屈子行吟"又将一位忧国忧民的古代圣贤作沉思状，"武士驯马"所表达的是坚强与忠诚。那么，最具代表性的当属"御笔峰"了，相传是"向王天子"批阅奏章的御笔化成了山峰，那高低不一的石头与植物像

天子山晨曦　彭斌／摄影

天子山峰林　彭斌/摄影

极了倒插的毛笔与笔毫、笔须；于西海处峭然而立的御笔以浓墨重彩绘出天地锦绣，也可以是一幅刚刚出岫的新月图。纵览千座峰林大观，心中则是波澜壮阔：于红尘之上，云卷云舒，泰然自若，好一种超脱之感！

亿万年的沧海巨变，让一座座石峰演绎成了地球的生命之花。有人描绘道："一座座岩峰有棱有角地陡直壁立，取消了常规形态的山的坡度，改变了惯性思维中关于山的概念，互为个体地相对相望，又一并置身于群体之中沐雨栉风。"于是，欧阳斌以他诗人的眼光看山，也品出了味道。他认为，"让峰立着的，是峰内部的坚土与石头，是峰内部的硬，是峰骨！"他进而又说："风吹打着群峰，也雕刻着峰；风吹打着其形也在锻造其神；因此，峰骨也是风骨。"而与欧阳斌先生一样，把张家界与生命本体融合在一起的作家罗长江先生认为："芸芸众生就怕千人一面而缺少个性，任何模式化只能导致单调与僵化。"为了对天子山作进一步诠释，罗长江先生在他的作品中写道："一种苍凉美，一种狂狷美，一种大气美！"

旅行是一种生活，也是一种修行。只有品读出山的内涵，水的韵味，才能真正体会到旅行与旅游的本质区别：融入自然、理解自然、热爱自然！◆

触摸杨家界

　　不知为什么，我对杨家界有了一种莫名的触摸感。那是一种对大自然的崇拜与亲近，如同一个人，一件珍爱的物品让你习惯于拥有，甚至于触手可以抚摸。

　　关于武陵源风景区有许多专家的权威解读，而相对于其他景区而言，杨家界景区开发较晚，大有"杨家有女初长成，养在深闺人未识"之感。五年前，我与父亲一行五人乘坐杨家界索道穿行在风景中。父亲告诉我，他曾在原中湖乡公社担任邮电所话务员兼机线员，对于杨家界景区比较熟悉，他甚至在缆车上指着一处山洞说那里是旧社会土匪盘踞的地方。父亲

棒槌峰

是少年从军，他参加过湘西剿匪斗争。随行的庾先生也告诉我，杨家界东连张家界国家森林公园，北临天子山自然保护区，总面积为 34 平方千米。我们所乘坐的索道下站位于武陵源中湖乡野鸡铺村，上站则为刘家檐。其线路水平距离 1876 米，线路高差 517 米，单程运行时间仅 5.2 分钟，单向小时运输量 2000 人次。此外，作为一位旅游职业经理人的庾先生还十分热情地向我们介绍了景区开发、资源分布、历史渊源等有关情况，让我们对杨家界有了比较全面的了解。

据有关资料考证：早在北宋时期，爱国将领杨业侄孙子杨辂迁居于江西，被授吉州太守，落籍于庐陵郡。此后该支派即繁衍于大江南北。其后代杨璟于明初辗转于慈利，并在湘西一带留下后裔。其后，又有杨刚、杨雄于明代从江西迁往永定卫，且分布在今永定区、武陵源区和慈利县等地。另据《杨氏族谱》记载，中湖乡夜火村杨家台和三家峪村杨家院有数百名杨姓人居住。于是，杨家界景区便因世代忠良杨家将而得名，那一座座山峰也烙上了杨家

杨家界之冬

将忠义爱国的历史文化痕迹，其景点也多以"六郎峰""天波府""天门阵""太君峰"等命名。

到杨家界景区游览，最具标志性的景点当属"天波府"了。有人形容它像极了北宋都城（今开封）金水河旁的天波杨府的"城墙"。其实，对于景点的认识则是三分形似，七分想象。而那一片峰墙则是杨家界的特色了。有不少地质学专家认为，峰墙、峰丛、峰林乃张家界地貌三大核心。那么，杨家界以峰墙作为核心吸引物，它是由石英砂岩形成一个平台、方山，然后受节理控制、流水侵蚀、风化剥蚀、重力崩塌作用等分化而成，呈长条状分布。所以，有人认为是侧看成峰，横看成墙。著名学者陈安泽称：杨家界峰墙具有极高的科学价值、生态价值与美学价值。所以，到杨家界，峰墙是必然的打卡地。

"峭壁九霄近，鸟道半空横。手摘星辰脚踩云，老子御风行。蜀道谁言危欲倾，对比气生吞，由从两腋生，雾向万峰腾。"著名历史文化专家羊春秋曾为杨家界"空中走廊"发出由衷的感叹。位于香芷溪峡谷游道中途有一巨大石壁，而石壁中部开凿了一条游道，长300米，宽1米。因坡度陡峭，整条游道似挂在绝壁之上的空中走廊。人在游道走，无不惊心动魄。还有穿过石缝中，最窄处需要人扁着身子方能通过。再到一处名为"乌龙寨"的景点，置身于悬崖旁，大有"一夫当关，万夫莫开"之势。想当年，剿匪斗争之艰难，不知有多少勇士付出了生命的代价！今天的幸福生活来之不易啊！

杨家界以其险、峻、秀的地质奇观让人叹服，而这里的生态环境也是十分优良，其森林覆盖率达到95%以上，既有"植物活化石"之称的红豆杉，又有绝壁藤王与五色花、蒙桑、多脉榆、刺叶冬青等，美不胜收。

旅行的体验在于风景的独特性，而杨家界大小景点繁多，还有不少景点待字闺中，如清风峡等。当你身临其境时，可以近距离与峰墙对情话，又可触摸到亿万年由大自然锻造的石头骨骼，不正是一种独特的享受吗？ ◆

（图片由杨家界索道公司提供）

奥妙黄龙洞

"山上有洞，洞中有山，山中又有洞。洞中乾坤大，地下别有天。"

——峻青（著名作家）

　　黄龙洞是武陵源风景名胜区的王牌景区之一。早在 1992 年 5 月，联合国教科文组织世界遗产专家桑塞尔博士与卢卡斯博士考察后认为："黄龙洞是我们见过最漂亮的溶洞，洞中还有那么长的阴河，真是不可思议。"而早在1985 年，国家地质部组织全国 70 多位地质学专家考察后作出结论：黄龙洞包含了洞穴学的全部内容，整个洞可得全国溶洞的"全能冠军"。据有关资料介绍：黄龙洞现已探明的洞底面积约 10 万平方米，全长 7640 米，垂直高度140 米，内分两层旱洞与两层水洞，有 1 库、2 河、3 潭、4 瀑、13 厅、98 长廊以及上千个白玉池、上万座钟乳石峰。乃洞中有洞，天外有天。关于黄龙

黄龙洞　董兵 / 摄影

春到黄龙洞　毛建初/摄影

洞的前世今生，有人说是因洞内有黄龙盘踞而得名，早在 20 世纪 80 年代初期，当地居民毛金初等人发现这一地下溶洞奇观并撩开了神秘的面纱；而在 20 世纪 90 年代叶文智受当地政府委托经营，开创景区管理体制创新之先河，并以策划与开展"穿越天门""乡村国际音乐周"等系列创意营销活动让黄龙洞景区名扬天下，也成了广大游客到张家界必游景区之一。

"洞穴之美往往兼有景深悠长和景观多变两种长处。如黄龙洞，不仅景深长，而且上下若干层次，好像一座大楼，可盘旋而上，步步有景，层层有景。"著名美学家陈望衡先生进而对黄龙洞作进一步探究后认为，最美当属"龙宫"了。其突出特点是高大、深远、空旷，最高处达 51.25 米，最宽处达 340 米，龙宫大厅为 3.4 万平方米。洞内最大石笋，高 12 米，直径 10 米的似汉白玉天然石椅则是"龙王宝座"了，它居高临下，颇有震慑天下之威严。至于那名扬天下的"定海神针"曾被投保一亿元，它全高 19.2 米，围径 40 厘米，两头粗中间细，最细处只有 10 厘米，据有关专家测定洞内石笋的年平均生长速度为仅 0.1 毫米，那么，依此推算，"定海神针"生长发育至今已有 20 万年历史了。所以，这就是黄龙洞的标志性景点了。

似幔，如花，像是珍禽异兽，又若是大珠小珠落玉盘的晶莹剔透的珍珠，这是一个石头博物馆。有流水淙淙的千丘田，有禅音缥缈的石琴山，有千奇百怪的花果山，有深不可测的响水河，有神话般的会龙桥，有梦幻般的迷宫。有专家认为，亿万年前，黄龙洞是一片汪洋大海，沉积了可溶性强的石灰岩和白云岩地层。经过岩溶和水流作用便形成了这地下溶洞奇观。

"黄龙洞是诗的结晶，哲学的凝聚，美学的雕像。"欧阳斌先生早在 1987 年发表在《湖南日报》的文章中发出如此的赞叹。如果说，洞内的世界是奥妙无穷，那么，洞外的广场则是世外桃源了。风车、水碾、稻田、农舍、耕牛、茅斯，还有索溪水韵、黄龙音乐厅，我以为这是一个田野牧歌般的景象！

黄龙洞景区让人陷入了沉思，无不让人感觉到大自然的创造力之伟大。洞中的景观奥妙无穷，而洞外的世界充满着明快与诗意。一景两游，美不胜收。◆

定海神针

响水河

龙王宝座

水车风韵

歌飞宝峰湖

　　许多年前，一场具有震撼力的"中国山歌节"活动在武陵源区辖内宝峰湖景区举行。而活动的宣传语"天高尘世远，歌飞宝峰湖"深深印在了我的心中。

　　一帘瀑布自山顶倾泻而下，大有"飞流直下三千尺"之壮观。这就是宝峰湖景区给人第一印象的奇峰飞瀑景点了。这里曾是电视剧《西游记》拍摄地之一，它也是 2001 年第七届张家界国际森林保护节开幕式大型文艺演出活动留下的绿色舞台。有人说，这奇峰飞瀑就是宝峰湖的"眼睛"了。

　　宝峰湖因宝峰山而得名，它与百丈峡、白虎堂等景区相依为邻。这是一个典型的高山峡谷平湖，也是张家界地貌与湖水相结合的代表作。据有关

天高尘世远，歌飞宝峰湖

资料介绍，宝峰湖位于海拔 438 米，相对高度 85 米的半山腰上，湖长 2.5 千米，平均水深 72 米，由雨水、山泉水、地下水汇集而成。而通常在湖中乘船游览时间大约需要 40 分钟左右。

2020 年 3 月，在宝峰湖录制《云端上的对话》

因其风景秀美，故有"人间瑶池"之美称。

清风徐来，明月如钩。在宝峰湖一处有两座呈"V"字形叠在一起的山峰，像极了朝天张开嘴的蟾蜍，便有"金蟾含月"之说。据说每年的农历八月十五日，那皎洁的月亮落在蟾蜍的嘴中成了一道奇观。那一年，我和友人到宝峰湖还目睹过那神秘的景象。此外，湖外有始建于宋代的宝峰寺，以"坐登地轴赛仙刹，向对王门表古梵"让景区有一定历史的厚度。而湖中的鸳鸯

岛有成双结对的鸳鸯戏水，平添了许多生趣与浪漫。至于那亭亭玉立的"石头美女"宛若仙女照镜一般，还多了一些神韵。还有金龟出水、情人桥、水上果岭、石门迎宾等景点让人浮想联翩！

"歌是情怀，歌是品牌，歌是灵魂。"2020 年，我作为"云端上的对话"系列活动策划人、主持人而与国家非物质文化遗产桑植民歌传承人之一的金鑫先生在宝峰湖景区有过一场精

山水组合歌唱《你莫走》

彩的对话。那位从桑植大山深处走出来的旅游职业经理人，他以高度的民族文化自信把桑植民歌运用到旅游营销之中，且创造了不少歌的传奇。我以为，将山歌融入景区的产业链中，宝峰湖应该是典范。人在湖中行，歌声醉心田。一池碧水，两条画舫船，三位歌手，你唱我应。"韭菜开花细绒绒，有心恋郎不怕穷；只要二人情意好，冷水泡茶慢慢浓"，"郎在高山打一望，姐在河边洗衣裳"，"高山高岭逗风凉"，"马桑树儿搭灯台"等一首首动人心弦的山歌此起彼应，而在一声声"哟儿喂"中将游客们拉近了距离并对歌互动。此时，景区讲解员会告诉游客，对山歌要论输赢，那输了的男性游客要留下来给唱山歌的阿妹倒三年的洗脚水。结果，有一位来自北京的记者因为对歌而与当地一位土家族姑娘结下了良缘。

以歌为媒，让广大游客体验到不一样的快乐，纵情山水间，所感受到的是山水之美与人的性情之美。应该说，宝峰湖景区因山歌而富有魅力，而山歌也与山水相得益彰。◆

（图片由宝峰湖公司提供）

传奇 天门山

"大庸有座天门山，离天只有三尺三。" ——童谣（大庸即张家界前身）

一座巍峨的天门山，一条玉带似的澧水河构成了张家界市的鲜明特征，是山水的组合。早在 20 世纪 70 年代，孩提时代从城南遥望那宛如明晃晃月亮般的天门洞便心往神驰。到 20 世纪 90 年代末，我有过两次从大坪后山登上天门山的经历。一是我组织十几位少男少女到天门山采风，以"作家梦"为题，初识天门山，住在当时的林场职工宿舍，并与天门古刹的一位师太有过一些交流。二是陪著名歌手李娜徒步登上天门山，我亲眼所见那位以《青藏高原》唱红大江南北的艺术家在大坪一个水库旁焚香并双手合十对着天门山叩拜。后来，李娜离开天门山不久就出家削发为尼了。那么，我认为天门山是充满传奇色彩的山。

天门山因天门洞而得名，而天门洞是世界海拔最高的天然穿山溶洞。据有关资料介绍：三国吴永安六年（263 年），嵩梁山峭壁轰然洞开，玄朗如门，吴王视为吉祥，亦由此改称天门山，下置天门郡。天门洞南北对穿，门高 131.5 米，宽 57 米，深 60 米，拔地依天，宛若一道通天的门户。这一胜景，吸引着历代帝王官臣、隐贤逸士、高僧老道、文人墨客前来探访游赏，历经世代累积，形成

1999 年飞机"穿越天门"　天门山公司/供图

了天门山独特厚重的"天文化"。"天门吐雾""天门霞光"被人誉为举世罕见的景象奇观。此外，人们还认为天门洞有五奇：

一是雄伟高大。清人王子睿诗曰："推得石门开，去天才五尺。"天门洞高可容纳300人，可修建一栋16层高的楼房。清代一知县李瑾站在永定卫城上观望，只见"岩窦半吞清夜月，山阿常宿隔霄云"。此时的天门洞，把月亮吞去了一半。

二是空旷而明朗，洞门前后的山峰，都很低，唯有此山独尊。一洞空明，除悠悠白云，就是融融蓝天，一尘不染。所以给1999年的飞机穿越此洞提供了绝好的条件。

三是梅花雨天天下。未到过天门洞的人，谁会相信洞顶石壁上，一天到晚，一年到头，滴滴答答，降落"梅花雨"。据说，只要张口接得四十八滴，就可以成仙。这里的梅花雨是哪里来的？这是个谜。引来了不少文人和科学家去探究。

四是洞顶苍竹倒挂。洞顶南檐，长满了苍翠而不高大的绿竹，根如虬龙，叶似柳簇，一排排下垂如帘，随风而啸，俗称龙竹。明代诗人张养浩有诗赞之："山展野屏垂地远，风挥天帚扫云空。"

五是风云变幻。天门洞口，晴天微云淡抹，薄雾闲绕，倒也无事，若逢阴雨天气，云狂雾怒，翻江倒海，拍击石壁，悉悉有声，冷风朝天吹，呜呜怪叫，似有龙腾蛟舞，令人毛发倒竖。若逢初霁，云雾密封，天门藏身隐形，连方位都无法测定。清代当地奇才覃金瓯将它与潭口红日的壮观并列而题联曰："潭口有缺红日补，天门无锁白云封。"

具有五奇的天门洞，

翼装飞行编队飞行起跳　彭立平/摄影

穿云破雾访天门 龚朝阳/摄影

赋予天门山蓬勃的生气。如果说天门山是武陵之魂，那么，天门洞便是天门山之魂。

早在 2004 年，我策划主编《导游张家界》（原创导游词精选）一书，并与天门山旅游股份有限公司副总经理田辉林、企划部原经理李争艳等有过一些关于景区介绍文字的交流。而比较集中统一的观点是，天门山是美丽张家界的新传奇。对于天门山的地质构造表述为：它是经历海相沉积上升与陆相沉积所形成高山，特别是大规模的喜马拉雅山造山运动，使天门山被两条断层峡谷切为四周绝壁的台形孤山，几千米之内高差达到 1300 米，从而造成了孤峰高耸，凌空独尊的雄伟气势。天门山顶相对平坦，面积为 2 平方千米。其主要景区是天门洞开、碧野瑶台、觅仙奇境和天界佛国。既有自然奇观，又有丰富的历史文化遗迹。尤以天门洞、云梦仙顶、鬼谷仙洞、赤松峰、灵泉院等最具有代表性。

"天门洞开紫气通，江东峨眉皆下风。"大自然的鬼斧神工将天门山雕刻成了惊世奇观，而作为景区的开发者张同生先生曾在接受我的访谈时告诉我，那是 20 世纪末从北京、张家界两位开发商手中接过天门山景区进行开发，始于 2001 年考察，他才 50 多岁，曾徒步爬到天门山顶 20 多次。后来，他首先决定投资 6 亿元，修建全长 7455 米、高差 1279 米世界最长的观光索道。继而，又历经艰辛修建了有 99 道弯的盘山公路"曲道道天"，2011 年在全国率先建成了高空玻璃鬼谷栈道、穿山自动扶梯、天门山快线索道等基础设

西线玻璃栈道　向韬 / 摄影

施。因为设计新颖、快捷便利、体验感强等逐渐形成天门山的新传奇。仅在 2018 年、2019 年连续两年突破 400 万人次接待量，居全国山岳型接待量前列。长期从事旅游营销与景区管理工作的田辉林先生认为，旅游产品打造上要有前瞻性思维，不断创新，有敢于投入的气魄，还有持之以恒的决心与信心！

天门山从 1999 年"穿越天门"而以飞机穿越自然山洞开始，因俄罗斯空军飞行比赛、翼装飞行等具有挑战性的极限运动相继成功举行而名扬天下，也不断演绎成为张家界的新传奇。一次次"穿云破雾访天门"，也一次次体会到山的雄伟与人类所创造的奇迹。继武陵源国家 AAAAA 级风景区后，天门山被列入张家界市内第二个国家 AAAAA 级风景区。每一次来到天门山就像是与老朋友重逢！

一个景区成功的开发，除了需具有雄厚的资金实力，而严谨的经营管理模式、创新营销与规范服务也是关键。天门山景区具有独特的自然资源禀赋，特别是以游客为本，加强旅游服务设施建设，让游客轻松、愉悦的旅行，从而获得美的享受。◆

动感大峡谷

> 见山是山，见水是水；见山不是山，见水不是水；见山还是山，见水还是水。
>
> ——宋代 青原行思

对于张家界大峡谷，我不能不说它颠覆了我的认知。原本只是一个做山水文章的风景区，而今却是与武陵源、天门山、茅岩河一样成为张家界旅游目的地"当家"王牌景区了。我有三个没想到：一是开发之初，张家界大峡谷景区主要负责人坚持打"张家界大峡谷"牌遭人质疑，现在看来是有远见卓识的；二是提出建玻璃桥的构想，我认为可望而不可即，可最终建成后成为世界桥梁史话；三是玻璃桥火了，但是否可持续发展，而结果告诉我的是它魅力无穷！

"百闻不如一见。"近期，我的"跟着流云去旅行"拟将推介大峡谷景区，我与景区管理公司罗总联系后，她十分热情地邀请我到大峡谷看看，以便对景区有更深刻的了解。于是，罗总让负责营销策划的董事长助理王伟国先生接待我，并派出专人开车到市区将我接到了景区。2023 年 7 月 19 日，正逢雨天，有人劝我是否改期，我毫不犹豫地说"风雨无阻"。没想到，我们一行人到了"云天渡"玻璃桥后，雨住了，拿着的雨伞也派不上用场，少顷还露出了阳光。而颇有一些儒雅学者型的王总见此情景，他有些惊讶地认为是我的运气好，连天气也如此给力。继而，王伟国先生陪同我实地考察，边走边聊，甚至于还融入一些体验项目之中，来了一场快乐的旅行。

对于张家界大峡谷，我是比较熟悉的。开发之初，从那个狭窄的石缝中，被人称为"一线天"处攀缘铁链顺着悬崖峭壁而下到谷底，途中可以眺望对面的吴王坡，还可见到"南方红旗渠"农田引水工程（历史产物）。而在谷中穿行可见到大大小小的瀑布飞流、彩虹倒影、碧水蓝天，还有一些奇峰怪石、

玻璃桥"云天渡"

溪水潺潺等不过是一些传说故事，像什么什么的景色与其他观光型景区的区别不大，甚至于要徒步走出谷底是对体力的一种考量，见多了奇山异水也会产生审美疲劳。如果，景区不提质改造是难以产生良好经济效应的。

如果说张家界大峡谷是山水与科技、文化、体育、创意经济等多种产业的结合是不为过的，它位于慈利县三官寺乡，景区总规划面积22平方千米，是国家 AAAA 级旅游景区。景区内绝壁高耸、飞瀑流泉，有山、水、洞、湖、峡谷、瀑布、溪流、栈道，景点众多，更有万众瞩目的玻璃桥，凌空飞架于峡谷之上。发展不断，创新不止。近年来，景区积极开发旅游 +N 的产品组合，推出了高空蹦极、飞拉达、高空滑索、攀岩等一系列体验项目，受到广大游客的追捧，成为广受海内外游客青睐的精品旅游线路之一。

"我们张家界大峡谷风景区已经有四个超级网红打卡项目，一是玻璃桥，是海内外游客流连忘返的中国创新文旅产品的杰出代表，二是蹦极，三是高空滑索，四是飞拉达。"王伟国先生如数家珍一般欣喜地告诉我。

张家界大峡谷玻璃桥是世界首座斜拉式高山峡谷玻璃桥，并创下世界最高、跨度最长等十项世界之最，大峡谷玻璃桥全长 430 米、宽 6 米，桥面距谷底约 300 米，由 99 块全透明夹胶玻璃铺设，玻璃厚 5 厘米，是防弹玻璃的 2 倍，每块玻璃承载量 60 吨。在铺上这座桥之前，每块玻璃都经过严酷的检验，对于桥面玻璃而言，所承受的游客的重量，几乎可以忽略不计。因创新多项桥梁建设专利和工法，体现了当今国际桥梁建筑顶尖工艺水平，获得 2016—2017 国家优质工程奖，并在 2018 年 6 月第 35 届世界桥梁大会上荣获被誉为桥梁界"诺贝尔奖"的唯一创新性奖项"亚瑟·海顿"奖。这座玻璃桥有个很霸气的名字叫"云天渡"。而桥下面这个平台就是世界最高的蹦极台，蹦极高度 260 米。2020 年 12 月 25 日正式对游客开放，成为全球最高的商业蹦极。该项目由 Bungy China（蹦极中国）团队独立运营，团队成员来自澳大利亚、加拿大、英国、俄罗斯等国，是全球屈指可数能够安全运营 200 米以上的国际蹦极团队之一。说到蹦极时，富有创想的王伟国先生认为："站在世界最高的商业蹦极台上，在人们可见的胆怯或勇气的表现背后，其实隐藏着深刻的心理学和哲学：它用一种极限的方式，逼迫我们交出心底对生死的看法，以及我们对世界和他人的信任。"

蹦极

峡谷瀑布

高空滑索

如云中穿梭，似太空漫步。据了解大峡谷景区高空滑索项目2020年7月正式运营，距峡谷底302米，共有6套12根往复式高空滑索，全长358米，上下平台高差78米，可同时滑行6人，每次滑行时间约为1分钟。当我们来到滑索处，只见游客排着长队等候，无奈之下，王总便带着我看立体电影"飞越大峡谷"与乘观光电梯、藏宝电梯、雕塑电梯三种类型电梯从不同角度观赏玻璃桥，继而又来到彩虹广场后乘船近距离欣赏瀑布与彩虹。然后，等到游客减少后再体验了一回空中滑索，让人激情飞扬!

玩的就是心跳，那动人心弦的玻璃桥及蹦极，惊险刺激的高空滑索，还有那挑战自我的飞拉达，有悬崖上的芭蕾之说。由于时间局限，而留下了蹦极与飞拉达没有体验到。不过，罗总曾经说只要我敢蹦极，她就要为我颁奖。至于飞拉达，王总说下次让我一定要补上。如此这般，到大峡谷一直处于激情澎湃之中，心动还有行动。

大峡谷作为后开发景区，能够在国内外产生一定的影响力，其投资达16亿元。自开发营运以来至今接待中外游客达2000万人次，为地方经济发展作出了突出贡献。它的成功在于顺应市场，满足广大游客要求，不断创新，以产品、品牌、优质服务赢得了市场。此外，整个大峡谷景区的主体建筑以老子道德经当中"大音希声，大象无形"的哲学思想为基础，结合现代建筑美学，以求达到源于自然，顺应自然，融入自然的最佳效果。而我认为创新是旅游产品及其品牌价值的内核。◆

（图片由张家界大峡谷旅游管理公司提供）

激荡茅岩河

　　"张家界游山，茅岩河玩水。" 2020 年，在我与茅岩河景区早期开发者田贵君先生等人在茅岩河"心湖"旁进行的一场别具一格的对话中，田先生不仅回顾了他自 1985 年率先提出"百里画廊"茅岩河的景区概念与创立茅岩河漂流旅游项目居国内领先地位，他还在我的强烈要求下哼起了原生态的茅岩河号子。老实说，从一位少年的放排手到后来成为张家界市旅游局局长的旅游行业发展的操盘手，田贵君先生让我对茅岩河有了强烈的具有刺激性的游览需求。也许，传奇的茅岩河融入生命记忆中了！

茅岩河漂流·水洞子瀑布　李纲/摄影

一漂难忘

茅岩河心湖

　　茅岩河是湖南四大水系之一澧水河上游最有代表性的一段河流。距张家界市区约 30 千米，车程仅 40 分钟左右。而从今永定区田家岗至花岩电站，其水域全程 50 千米，沿途风景如画，所以被冠以"百里画廊"之美誉。河床平均宽度 40 米，窄处不足 20 米。据相关资料介绍，早在明清时期，茅岩河系土司领地，封建统治者在黑松关设隘阻止土家人与外界来往，故茅岩河成为神秘禁地。至清雍正年间，茅岗土司"改土归流"，从此茅岩河列入版籍。后有土家族首领覃垕王揭竿而起与宫廷抗衡，至今留下了古堡、碓凹、七年

茅岩河大峡谷　彭立平 / 摄影

寨和古码头等历史遗迹，也给这条河流留下了许多动人的传说。

　　"澧自苦竹河入境，重滩叠濑，其著者八十有奇，浪头河大多奇险。"清代光绪《永定县乡土志》有如此描述。自茅岩河镇起，自助漂流河道全长 5 千米，乘上橡皮舟约需一小时。沿途有温塘古渡、索影潭、枞苑滩、连环滩、鬼门关、水洞子瀑布等著名景点，一般至水洞子瀑布作为代表性景点打卡，以那奔泻的瀑布群作为背景拍照留念。舟行碧波里，于平静处可观峡谷、沙滩、岸柳，更有那翩翩起舞的白鹭相伴，大有"一行白鹭上青天"之意境。

九天洞　　　　　　　　　平湖游

温泉　　　　　红军体验园　　　　峰恋溪

而浪遇飞舟，只见一道道急流险滩，排空而起的波涛似乎将舟顶起又轻轻地放下；有惊无险的冲浪让人心跳加速，是对一个人的意志力考量。特别是过"鬼门关"，那连环式的波涛将人掀到了半空又跌入谷底，一惊一乍，不住的尖叫声才直呼过瘾！被那兜头倾泼的河水淋湿了身子，却让人与水有了亲近感。也许，茅岩河的水很任性，它亲吻了你的脸、你的身子，还有你的心！此时，忘记了年龄、身份、性别，每一个人都是大自然的孩子！

茅岩河不仅有动人心弦的漂流，还有那沉浸式的温泉浴。无论男女老少，置身于大小温泉池中可以仰望星空，也可与远山对语；倘能就近入住"心湖"民宿，吼上一吼，吃上烧烤与呷上冰镇的啤酒，则更是一种美妙的享受。当然，如果时间允许，还可以到茅岩河平湖游览苦竹古寨、亚洲第一大洞九天洞、红军体验园等景区；沈从文作品《边城》电影拍摄原型地温塘，还有澧水航运文化的积淀，未来鸭坪快车道与观光电梯的便捷，让古老的茅岩河焕发出新的生机！

茅岩河景区是张家界玩水的代表作。它给人带来的是舒适，还有激情；而更多的是体验，是动态的，所以，我坚持用"激荡茅岩河"为标题以体现另一种审美意义。◆

（图片由茅岩河提供）

到冰雪世界滑雪去

　　冬天的张家界是童话般的世界，南方人非常欣赏张家界的雪色风光。如此，特别是粤港澳大湾区的广大游客习惯于到张家界过春节、赏雪。然而，随着旅游业不断发展，张家界"冰雪世界"景区应运而生，一年四季可以到张家界玩雪了。

　　冰雪世界景区位于张家界市慈利县阳和乡，距长沙至张家界高速公路阳和收费站出口仅 300 米，而到武陵源、天门山、大峡谷著名景区均只需 30 分钟左右的车程。其地理位置十分优越，是一个旅游加体育运动的特色景区。

　　冰雪世界是由张家界冰雪世界旅游发展有限公司投资兴建，景区于 2019 年 12 月 26 日正式对外开放，2022 年成功创建国家 AAAA 级旅游景区。2021 年，冰雪世界被授予为"湖南省科普教育基地""张家界市首批中小学生研学实践教育基地"。室内滑雪馆建筑面积 63322.1 平方米，其中冷区建筑面积 27655.1 平方米，是目前华中地区最大的室内滑雪馆。滑雪馆分设初

张家界冰雪世界

级滑雪道、中级滑雪道、雪圈道、戏雪区四大功能区，可同时容纳1000人进行滑雪滑冰等雪上娱乐项目，日接待能力6000人次。从美国、德国引进进口制冷设备与先进的造雪制冷技术，场馆内温度常年保持在 -5℃，积雪厚度50厘米，是张家界建设世界一流旅游目的地创新型的旅游产品。滑雪馆拥有初、中级滑雪道各一条，初级雪道长320米，坡度8°，来自国内的专业滑雪教练现场提供安全的滑雪教学服务，即便是滑雪新手也能畅快地体验滑雪的魅力。高台跳雪、单板公园雪道180米，坡度12°，是滑雪发烧友和运动员展示滑雪水平的舞台。

目前，冰雪世界与省内多个滑雪轮滑协会和运动俱乐部深度合作，2020年9月被湖南省冰雪轮滑运动协会授予"滑雪培训基地"，成为湖南省目前最大的滑雪培训基地。2020年12月作为南方唯一分会场成功举办全国第七届大众冰雪季运动启动仪式。把冰雪运动推进校园开展研学活动，普及宣传冬奥知识，组织开展形式多样的冰雪主题研学体育活动。

滑雪培训基地

冰雪世界全貌

"成功在于创造。"冰雪世界创始人杨继勇，出生于 1971 年，早在 1994 年大学毕业后从外地来到张家界工作。近三十年来，他从国有企业当销售科长，又下海自主创办企业，是一位有前瞻性思维，勇于挑战，经得起折腾的企业家。他将冰雪世界景区与张家界旅游业发展的大格局紧密结合，并对景区发展充满了信心。现在景区二期规划用地 13.3 万余平方米，设有商业风情街、水上乐园、文创园三大功能，配套建设国际标准滑板公园、室内攀岩馆、房车营地、体育文化展示园、民族传统体育体验园、VR 动感体验、主题酒店、儿童乐园、户外娱乐、体育运动等，具备团建、游学、休闲度假功能，着力打造成为张家界体育旅游的重要体验项目。其中二期项目中的滑板运动公园已于 2021 年 9 月竣工投入试运营。3500 平方米的滑板公园是目前湖南最大室外滑板公园，对外免费开放。

冰雪世界景区的诞生，标志着张家界旅游业态在不断丰满与完善。如果说，武陵源大峰林奇观是大自然的杰作，是壮观的，也是静态的审美；那么，到冰雪世界滑雪就是激情的挥洒，是健康的运动，更是一种动态美的体现。唯有青春与健康是不能辜负的。走，去冰雪世界玩雪去！◆

(图片由张家界冰雪世界提供)

潮动 七星山

如果说等待一轮日出，是一种新的希望在冉冉升起。而凌晨五点多，我一个人伫立在这空旷的山巅上，寂静的美妙是一种独特的享受。一个名叫七星山的风景区窜改了旅游的概念，不是粗粗地观赏水光山色，而是要静静地把风景览在心中。

对于七星山是不陌生的。几年前，永定区委、区政府领导邀请我等参与七星山景区开发专题研讨会，并成立了该项目推进工作组，我被有关领导指令担任副组长。后来，我多次受邀到七星山考察，由于交通极不便利，而与有关人员多次乘直升机在空中鸟瞰那一处崇山峻岭，只道是雄伟、壮观，却是模糊的记忆，真是"不识庐山真面目，只缘身在此山中"啊！

　　熬过严冬，我感受过凛冽的寒风；拥抱春天，我领略到山花的烂漫；炎热的夏天，我享受到气候宜人的凉爽。七星山海拔 1528 米，森林覆盖率达 87%，山顶年均气温约 9℃。2023 年 7 月 15 日，我乘索道仅用了 6 分钟登临七星山山顶。据了解该索道斜长 2003 米，落差 708 米。当缆车停稳后，一位身着红色工作服的女子便十分热情地向我打招呼说："请问是流老师吗？我是七星山湖光山色民宿管家小李，欢迎您来七星山度假！"继而，一辆专用电瓶车将我送至民宿区入住。刹那间，我被那一幢幢坐落在树林里、石崖上的"小木屋"震撼住了，古朴与时尚的结合，更是回归自然，是心灵中的家园！

　　洗去尘埃与倦怠，我早已按捺不住对风景的向往。来到观光车乘车处，竟然有几位驾车师傅认出了我。其中，一位姓龚的男子告诉我，他当过国证导游，曾经听过我讲课，也读过我编写的导游词。于是，龚师傅向车队队长主动请求为我开车兼向导，也想与我多一些交流。由于是职业导游出身，龚师傅向我介绍了七星山的精华游览线分为"1520 天空之眼""摘星阁"与"七星大峡谷"等。目前，"七星大峡谷"尚在开发中，我们便决定先到"摘星阁"了。不到十分钟车程，我们很轻松地到达"摘星阁"，只见群峰叠翠，由远及近，

七星山远眺

1520 天空之眼

七星山

像是星光璀璨，令人心旷神怡。此时，便如同进入了"危楼高百尺，手可摘星辰。不敢高声语，恐惊天上人"的诗意境地。继而，我在龚师傅的带领下又到了网红打卡地，即 1520 天空之眼。这是一个海拔 1520 米的凌空观景台，全部采用钢化玻璃结构，它为圆形状，可以东望天门山云梦仙顶，西观熊壁岩，正前方则是美丽的张家界市城区。置身此处，可以观云卷云舒，远山含黛、日出日落、红尘滚滚，气象万千；这是一个足以让人放纵性情，超然物外的美妙之处！

七星山不仅是山的精粹，而生态环境也十分优越。它位于张家界市永定区天门山镇，地处天门山和熊壁岩之间，面积约 11.32 平方千米，悬崖绝壁

云雾

七星山日出

连绵 24 千米，其中保存了近 133 万余平方米的原始次生林，山顶为巨型孤峰喀斯特台型地貌，动植物资源非常丰富。动物有猕猴、果子狸、麂子、刺猬、穿山甲、芭茅鼠、野兔、野猪、锦鸡、斑鸡、岩鹰、七彩山鸡、黄鼠狼等，其中有一种全身毛发都是红色的猴子最为珍贵。植物有鹅掌楸、厚朴、武陵松、野山梨、水杉、千年古黄杨木、珙桐、天麻、四两麻、五倍子、漆树、黄连等。尤其值得一提的是，这里有大约 66 万平方米的中草药厚朴种植林。是名副其实的"厚朴之乡"。其中草药资源品种十分丰富。

对于七星山，我无意于对大大小小的景点一一去铺陈，也不太喜欢赘述它的像什么什么的。不过，我对于它日趋构造的天界小镇、云上索道、管轨滑道、温泉酒店、峡谷栈道、直升机游览、无人航空器、热气球空飘、滑雪场、星空露营、云上摩天轮等新业态十分关注。应该说，这是一个让人可以静养，又可以挥洒激情的地方！

七星山作为张家界新开发的景区，它不仅拥有丰富的旅游资源，而更主要的是具备度假休闲的功能。使人不仅可以大饱眼福，还可融入其中，有体验感、有舒适度。在这里需要住下来，不是走马观花式的旅游。这里是旅行生活的新格调。◆

（图片由七星山提供）

情牵水镇江垭

"人物是一种透明的幻像，景物是夜霭中的朦胧暗流，两者消融在一起，描绘出一个超脱人世的象征世界。"

——川端康成（《雪国》）

如果说，一个景区能长期占有你心中的某一个位置。除了风景，那就是情感的留念了。而江垭与我缠绵了二十年，就像是情窦初开的少男少女的眼中只有纯朴的爱与思念。所以，我对江垭的描述中，怎一个情字了得？

2003 年，全国遭遇"非典"，旅游业处于停滞状态。一天，有人向我推荐了刚开业的江垭温泉度假村。一是说温泉适合康养，二是多了解一下新业态作宣传推介。于是，我以一名普通游客的身份东寻西找"闯入"了江垭温泉度假村。就在我到酒店前台登记开房时，一位姓张的小伙子认出了我，他说读过我编写的书。如此，作为营销人员的小张极有职业敏感性，他将我到度假村的情况向公司领导作了汇报。很快，公司领导决定给我以免费泡温泉的待遇，且由公司一位副总经理出面宴请我吃晚餐。而我与江垭也结下了不解之缘。

一声问候，一个鞠躬礼；一条热毛巾，一杯茶，置身于江垭温泉度假村享受"御式"服务，作为湘西北开发最早的温泉度假产品，让人有宾至如归的感觉。于是，抛开尘世俗念，放下因为"非典"而带来的忧虑；轻轻地走进温泉浴池，大家穿着泳装几乎是裸身而浴，任那汩汩的温泉水淋遍全身，又在艾叶、杜仲等名贵中药池浸泡。从室内到室外，大大小小的温泉池中所展示的是一个个自由奔放的生命体，柔软的温泉让人感到亲切，像是孩子见到久别的亲人一样，揉身与澡心，不仅是让身体变得清爽，而心灵也一下变得通透与轻松了！此时，你什么可以想，也什么可以不想。后来，我将自己泡温泉的感受一连写出了"心灵之浴""江垭，借我一段柔软的时光""山与

水镇江垭

水的缠绵"等游记散文。此外，我还策划与举办了"山水之约"江垭温泉征文与采风活动，请金牌导游与网红为江垭温泉度假村代言，为江垭温泉化解两起群体性矛盾，到北京请中国科学院院士、国家"两弹一星"元勋、江垭人陈能宽先生题写"人说江垭好风光"。时任江垭温泉度假村总经理姚建军、毛新平等聘我为顾问。如此，江垭温泉度假村不少员工视我为他们中的一员，不时向我发出邀请而让我"常回家看看"。

没有喧嚣，没有熙熙攘攘与车水马龙；江垭距张家界市区约 70 千米，武陵源 35 千米，大峡谷景区仅 15 千米。早在明洪武二十二年（1389年）朝廷在此设立九溪卫，是历史文化名镇。又因索水汇入溇江与澧水，其水资源十分丰富。而十几年前，我与人策划并拍摄旅游宣传片时商议将片名定为"水镇"，以江垭水库平湖游、九溪古镇、江垭温泉度假村作为旅游核心吸引物。2020 年，我再次走进江垭并与度假村朱剑董事长、任立总经理有过一次对话。朱剑先生称："任

温泉池

总是我们温泉度假村的总经理，他还参与了江垭水库和大坝的建设。我们江垭温泉在设计之初为什么选择这个地方，就回到我前面所说的医疗级温泉的概念，为了保证温泉水是自然涌出的，不能是通过水泵从地下抽出的，那么我们现有的这个位置和我们的温泉口必须要有一个自然的高差，那个水才能自然地流过来，实际上当时也有人提到过，为什么你们建在我们现有的这个位置，为什么不建在入水口的附近？那里有峡谷，风光会好一点，当时就是考虑到如果没有高差的话，水不能自然地流出来，那我们现在所在的这个地方和我们的出水口有一个八米的高差，水就能自然的流出，所以江垭温泉从设计到建设就是从健康的角度去考虑的，任总就是亲身经历的建设者。"任立先生说："我是1994年来到江垭，参加了江垭的水利工程建设，因为水的文化离不开水的载体，溇水是澧水的支流，温泉是20世纪60年代在江垭大坝进行地质勘探时在左岸和右岸打出的泉眼，70年代搞建设的时候，当地老百姓用两根管子接的支流。"

"江垭这个地方是一个很神奇的地方，资源的富集度非常的高，而文化拓展为旅游资源。江垭这个地方的旅游资源是非常罕见的，有温泉、大坝、水库、林场、红色文化、厚重的历史文化等。从水资源的角度去说，这里由

江垭温泉度假村

于大坝工程的建设，形成一个长达 13 千米的平湖，这在全国都是很罕见的；从历史人文的角度去说，现在江垭有在唐朝的时候建的梅花殿，第二个是九溪卫古城，很多朋友可能有点误区，认为'卫'是相当于一个军分区的制度，实际上这种认识稍微片面一点，不完全正确的，所谓的卫所制度始于唐代，完善于明，严格意义上讲，卫所制度相当于新疆建设兵团这种制度，因为当时这里是少数民族地区，所有的交通全部靠水路，明朝的卫所有几百个，但是卫所是有相应的级别的，级别高的卫管辖级别低的卫，全国当时的一级卫所只有 13 个，我们江垭卫所就是 13 个之一，这是什么概念呢？跟它平级的 13 个卫所有天津卫、广州卫，很多人都知道虎门卫，实际上虎门卫就是归属于广州卫。据《南明史》记载，南明军队与清军争夺长沙时，就从这里和沅陵各集结了 10 万人去攻打长沙。在近代史上，这里出了一位南北大侠杜心武，他是孙中山的保镖，也是中国近代史的历史人物的一个代表；江垭杜仲林场见证了我们新中国的历史，新中国成立以后，苏联援建中国的 156 个重点项目，江垭林场是其中一个。"朱剑先生娓娓道来，他对江垭作了不少的研究。

"张家界顶览风光，江垭温泉泡健康。"关于温泉旅游产品，颇有学者风范的朱剑先生有过许多了解，他介绍说："江垭温泉按照我们国家的标准应该是属于医疗级温泉，江垭温泉的主要元素是含镁，镁对人的身体的最大好处是可以清除自由基，促进人的新陈代谢，清除了自由基以后可以有效地改善微循环，所有疾病的康复都跟人体的微循环密切相关，除了镁的元素以外，江垭温泉的水分子团和其他温泉不一样的，是小分子团。医疗级温泉的标准是什么呢？是不能通过任何工程技术措施抽取的温泉，比如温泉的出水点在地下100多米，那如果是通过工程技术措施把它抽起来，抽起来以后，它的水里面的矿物质元素的含量还是一样的，但是它水分子的结构是大分子团，而自然涌山的温泉水是小分子团，小分子团相比大分子团更加具备生物学活性。在整个湖南，自然流出来的温泉，也就是水分子团是小分子团的温泉只有两家，一个是我们江垭温泉，另一个是在汝城，其他地方的温泉因为自然条件的限制，温泉出水都在建筑物的下面，必须要通过水泵等工程机械措施把它抽起来，抽起来的水为什么会称为大分子团呢？因为抽的水不是自然流出来的，它在地下矿化的过程中没有达到它必要的演化时间，所以矿物质含量达到了，但是水分子结构还不具备医疗级的条件。特别是有的地方采用再灌注的方式提高温泉出水量，更加使得温泉的生物学活性品质下降。"谈到这里，我似乎对江垭温泉有了更加透彻的了解。此时，直接从事温泉度假村经营管理的任立先生补充说道："我们度假村去年接待北京、杭州、内蒙古，还有西安的老年人来作康养的，而在我们度假村待了半个月或一个月以后，他们身体的皮肤也光滑了，那些腰椎间盘突出的、走路不方便的客人，他们经过泡温泉后腿脚比以前灵活一些，特别是血压高一点、有冠心病的在我们这里泡了镁温泉以后身心各方面都得到了很大的改善，这就是从温泉泡出来的健康啊！"

江垭温泉度假村是张家界旅游转型提质的代表作之一，从纯观光型到度假休闲等产业的整合，让广大游客享受温泉健康；而近二十年的时光变迁，唯有服务的理念没有变，这是一个非常具有人情味的地方，也是企业文化建设中的软实力。◆

(图片由江垭温泉度假村提供)

第 2 章

旅行解读

LǙ XÍNG JIĚ DÚ

图为中山大学教授张朝枝（左）与本书编者流云于 2020 年张家界进行网络直播对话

"读万卷书，行万里路。"行走张家界不仅仅是获得视觉的体验，而更多的需要从美学、地质学、生态、文学等多方面仔细品读与思考。本章所辑文章为侯家骥、任舫等学者的真知灼见，可以让人得到启迪。

仙境张家界
胜地武陵源

中共张家界市武陵源区委书记张龚致辞

养在深闺人未识，一出闺门世界殊。历史垂青武陵源，自然造化武陵源。

武陵源的山水与情相依，武陵源的人民以情相惜。

寥寥归尘市，何异武陵源。走进武陵源，您将与奇山秀水激情相遇。鬼斧神工造自然，钟灵毓秀成奇景。这里峰奇林密、水秀谷幽。大自然的馈赠——"张家界地貌"，将为您呈现一幅幅奇妙的天然画卷，如水墨、似油彩、像盆景、尤仙境！徜徉在森林公园内，峰峦叠嶂、万木葱茏。黄石寨"一山高耸翠微巅，突兀穿云欲到天"。金鞭溪"潺潺碧水青山幽，汩汩清波静静流"。十里画廊"群峰拥翠绿，山花静怒放"；"十里山水半入城，万紫千红共归框"。登临天子山，云淡风轻，云漫似海，群峰若泛舟。顿有"借得丹青酬谢客，飞来天子雾中仙"之感觉，让您忘情释怀。船游宝峰湖，绿水生烟、青山含黛、湖光潋滟，"一折青山一扇屏、一湾碧水一条琴"让您心生情愫，思绪放飞。地下迷宫黄龙洞神秘莫测，钟乳晶莹，勾勒出"山水盘桓天地中，几多异事出仙宫"的神秘与壮丽！

群峰隐长廊，泉溪醉梦乡。走进武陵源，您将与自然生态深情相拥。神秘的北纬30度，串聚"地上最高绝景"；湿润的亚热带季风气候，氤氲出这一方宜居环境。在这里，您除了饱览画轴上一众美景，还可以尽享中国天然氧吧为您提供的每立方厘米1万余个负氧离子的养生之疗，让您感受这森林覆盖率98%以上、环境质量优良率90%以上的自然之气，让您体验到什么是"绿"世界、"森"呼吸、"林"距离！

　　相距千万里，心随月色归。走进武陵源，您将与多彩民俗真情相聚。一方山水，生成一方民情；一缕烟火，孕育一处民俗。土家族、苗族、白族等各族人民和谐相处、多元共生、文化交融荟萃，滋养出多彩民俗风情。在这里吃，您尽可大快朵颐。腊肉、香肠，余味悠扬；草帽面、三下锅味浓醇香；岩耳土鸡、山野菜品馥郁醇香。在这里饮，您尽可开怀尽兴。野葛根、莓茶茗清心爽心，武陵源酒洞藏秘酿，酱香陈情。在这里购，您尽可收获满载。武陵源生酒礼、茶礼、养生礼让您目不暇接，鱼泉贡米、天子剁椒、协合菜葛、土家织锦闪耀浓浓乡情，您尽可用尽"支付宝"，刷完"零钱包"。

　　功成拂衣去，归入武陵源。走进武陵源，您将与田园牧歌倾情相依。天地和谐，化育了令人神往的自然山水；人文浸润，写就了多姿多彩的田园诗章。石板街、吊脚楼、竹篱笆让您梦回金色童年；大块肉、土乌鸡、苞谷酒让您魂牵山野；野鸡铺、龙尾巴、锣鼓塔、泗南峪等美丽乡村如明珠一般烘托着核心景区，五号山谷、梓山漫居、回家的孩子、栖漫、璞舍等特色各异的民宿，让您劳烦顿消，流连忘返；大热武陵源营地、汽车驿站、赛车基地、野溪河畔让您尽享个性休闲。"暖暖远人村，依依墟里烟"，这方田野，自然纯情、恬静舒心；这方田野，古朴清朗、和美安宁！

　　仙境张家界，胜地武陵源。程思远老先生85岁来张家界游览时曾说："人生不到张家界，百岁岂能称老翁"。张家界武陵源欢迎您！

　　[附注：本文为中共张家界市武陵源区委书记张龚于2023年9月21日在首届中国（张家界）文旅融合发展大会暨首届张家界旅游发展大会上的推介辞。发布有删节。]

张家界国家森林公园
阅读笔记

文 / 温勇智（江西）

　　这是秋日的午后，我从遥远赶来张家界，将多年积蓄的想象打磨成诗行。年至不惑，我仍被张家界国家森林公园的一片美学击伤，——那融入身体里的平仄，抽丝剥茧了我的病灶。黄石寨、天子山、鹞子寨、袁家界、金鞭溪……纷纷飞到美学的高度，直逼我即将圮塌的灵魂之塔。

　　不要怀疑了，这一片山河，古老如经。那些山地、岩溶、丘陵、岗地和平原，早在上古时朝就装订了属于自己的张家界之书，要让每一枚文字在森林公园自在游动。

　　山，以花的方式盛开。它们仍保留着最初向阳的姿势和感觉，那漂浮的记忆在张家界是向前的、向上的，成为朦胧的诗意。岩石和流水，鸟鸣和虫语，合辙押韵，让梦幻悬浮。而从山体抽出的骨头，让我顶礼膜拜，——一块奇石的灵魂是可以涅槃的，除了时间，还是时间改变了它的命运。远古时期的造山运动、岩溶侵蚀、雨水冲刷以及自然风化等，让它盘踞的山体地貌倾斜、崩裂、分化、沉积、抬升，一块块岩体就是一段段动人心魄的章节。时间见证了山们历史和时代的更迭兴衰，同时也见证了奇石的生命力与幻想。

　　峰，记录了云朵的起居，在虚构和写实的语境里碰响光阴与流水，那直立的意象，指向永恒的引领。天地万象，那支画笔，表达得淋漓尽致。原始，粗犷，古野，奇绝。哦，需要默念多少遍"秀幽险峻称奇绝，五岳黄山拜下风"，才能抒发我的膜拜？岩掌石化了岁月，将我所有满怀的倾诉化作瓦蓝的天空，抑或透明的玻璃栈桥，然后指引游客敞开心扉。我看见，一只雄鹰驾着三万匹风而至，阳光下，身子抽离峰身，我的目光随着鹰，蒸发在风中。

　　洞，很深，深得让时间凝固。洞中有洞，洞中有山，山中有洞，洞中有河，时光碰撞岩壁和流水的声音相似，能把隐藏的心事倾注于洞的肺腑。关于洞，总会有一些颤抖、一些回顾，腹内的锦绣跌落在熔岩里，诗意地经典成石笋、石钟乳、石幔和石花。从洞的分娩起，神奇就被反复提及。沿着洞的千肠百结寻找洞的语言，有谁知分娩的痛苦？千百年来守着黑，守着寂寞与疼痛，隐秘的力量不可阻挡。内心的铁轨伸进洞口，抵达洞的深处，在自己纷飞的惊叹里沐浴。我不知道，我会不会成为划破你心脏的那声鸣，将在涟漪的思念中成为一种切肤的疼，绵长且久远。

草木，锁着浪漫的故事。是谁散花而来？是谁抛带为桥？是谁带来变幻的四季？万亩的峰林，满腹经纶地营造着声、月、影、光，用翡翠一样的深情黏住那些可以飘香的片片鸟语。从一株草抑或一棵树的萌芽起，思念就与日俱增。云涛、月辉、霞日、冬雪，是绿表达心迹的四种方式，旁若无人的示爱，激起三千奇峰的浮想联翩。嫩绿，浅绿，深绿，翠绿，葱绿，暗绿，亮绿，鲜绿，墨绿，不分层次，不分界限，悄无声息深入山抑或峡的骨髓，从南至北，微风一吹，搅动原生态的拂动。嗅着绿的湿润，将披在岁月上的尘土一抖再抖，当我沿索道登上黄石寨，绿的致意，在心原荡漾。

水，就那么流着，清澈的语言淘洗着唐诗宋词。一半豪放，挂在悬崖；一半婉约，散落山谷，相形之下，我的诗歌汗流浃背。水的流向不是盲目的，锦带系在谁的腰间，张家界国家森林公园说了算。澧水那么一挥，山峦就碧绿了，一幅泼墨的写意，想入非非。踏着一抹山痕水印，寻梦张家界国家森林公园，一尾鱼，踌躇满志地游弋。那么近的美，自由与幸福，只有在天堂荡气回肠。

雾岚，应是山的呼吸，暗藏地理的灵气。想象为一朵闲云的游荡，像鸟一样绕峰三匝。越来越浅的月亮悬在山峰，仿佛不到苍穹边际。白云和仙气相连，人和峰相连，墨浓墨淡，无非就是实和虚。

古寺住在云间修禅，梵音在所有的夜色上闪亮；经卷里的心湖，伸向澄澈的诗篇；金鞭点墨溪水，绘出奇峰三千；画廊带来的插图，用色彩包罗万象……危峰险滩，秀峪幽谷，奇石谲洞，和蚂蚁、蜜蜂、蝴蝶抑或别的虫豸一样，就是一群活的字迹，在张家界国家森林公园行走，与天子的群臣相似……

　　时光安静。在张家界国家森林公园，峰、谷、林、洞，都是散发着神奇的名词，是寂静大地的版画，是上帝美轮美奂的艺术杰作，它隐映在浓翠之间，感悟张家界国家森林公园永不枯竭的生命气息。

　　其实，走进张家界国家森林公园，也是走进了一个名副其实的世界地质公园！放弃风花雪月，放弃叶子和花瓣，隐于一块岩石的内心，你就会感受到张家界国家森林公园的灵魂和影子，像冬天里隐藏的春天，早已摇曳在斑驳的树荫里。它们怀瑾握瑜，都心如芷萱。我已经触摸到一块岩石的心跳，倾听着它无言的絮语。"物种基因库"，是一个多么美好的昵称啊，令浅薄的比喻惶然。我不会是第一个也不会是最后一个轻声唤你的诗人，当我在一截诗词里找到你抑或我的影子，过往的灰尘和云烟早已被流水带走。远处，有什么飘了过来，抓起来一看，只是一枚诗韵，还很湿热。在湿湿的诗韵里，张家界国家森林公园日夜星辰地奉献出璀璨的境界。青山为底色，绿水作线

黄石寨日出　邓剑/摄影

条，潮湿的诗意从四面八方涌来，花与草的缠绵，云与雾的交融，鸟与水的交响，无处不是美的韵符。

　　或者劈开自己灵感的头颅，以山，以水，以飞鸟，以群兽，以爱的诗篇，以灵魂的自洁，甚至以贪婪，以巫术，以梦魇……把你虏获。这多么好！猴群欢跃，百鸟争鸣，鸳鸯戏水，万物各有其位，为了一次邀请，张家界国家森林公园，已拟写好24个时辰的欢迎词！

　　【评委点评】鲜活的意象、鲜活的语言构成这篇作品的突出特色，与思维惯性和语言惯性驱使下的游记散文显而易见拉开了距离。作者通过改变语法结构、词汇用法和语言风格以革新表达方式，将人们司空见惯了的文字以另一种语言陌生化的面貌展现开来，频频传递鲜活的审美趣觉和诗意想象。读者恍若置身文字版的张家界山水之间，惊喜连连，联想翩翩。

（此文荣获"吴冠中"游记散文征文一等奖）

张家界
地貌价值及其探讨

文 / 侯家骥

张家界地貌有"地球纪念物"之称，具有无与伦比的科学价值。

与苍茫浩瀚的宇宙相比，人类是那么的渺小。空间上讲，地球表面积5.1亿平方千米，而张家界的这种地质地貌仅存217平方千米，仅占二十五万分之一。时间上讲，地球已经过46亿年的沧桑演进，如果把46亿年的历史比作一天24小时的话，那么，张家界只见证了地球史上2个小时的风花雪月，而人类的出现，仅是这24小时中的最后1秒，这1秒的时空，有文字记载的五千年文明更只是短短的一瞬。由于大量的自然演进历程缺乏文字信息的传承，大自然原始遗存就成为其运动过程的唯一见证，断层、化石、孑遗动植物等散落在大地上的记录，比文字更可靠，张家界的自然生态就凭借这种科学价值而成为世界自然遗产、世界地质公园。

张家界地质地貌以中外罕见的石英砂岩峰林为主，从形态上看，峰柱大多平地拔起，高入云端，柱面平直，边棱尖直；从构造上看，岩石所含的物质，石英占95%，其余为砂粒及少量杂质，故称石英砂岩峰林。石英是制造玻璃和半导体的原材料，换句话说，张家界既是一座富集的矿山，又是一座"玻璃山"；从规模上看，这里共有石峰3103座，300米以上的45座，200—300米的198座，目前全球还没有哪座城市有如此密集、如此之高的"建筑群"。这些石柱成群而聚，连为一体，形似一片大森林，这样，人们习惯称为"峰林"。在如此壮观的石英砂岩峰林面前，人们不由得感叹大自然的伟大。

峰林的形成，印证了大自然的力量神奇无限。3.8亿年前，这里还是浩瀚的海洋，300 万年前，随着喜山及新构造运动推动区域地块间歇抬升倾斜，大自然这个"艺术大师"耐心地对露出的石英砂岩进行了"切割""雕琢"和"打磨"。阳光的热力作用和大气中氧气、水蒸气的化学作用使岩石碎解、分解，部分砂岩脱离，节理逐渐扩大；渗入砂岩的水分侵蚀作用和冰冻膨胀的物理作用使岩体进一步碎裂；散播在岩石中的种子植物对岩石产生强力的根劈作用，岩缝进一步扩大。在这些外力和内力的作用下岩石失去稳定性，重力作用最终使部分岩石崩塌。于是石英砂岩逐步由台地方山（幼年期）——片状山（青年期）——峰林（壮年期）——残林（晚年期）——沟壑的轨迹一步一步演进，遂成现今的高大耸立峰林峡谷地貌，这就是张家界"三千奇峰，八百秀水"的由来。对这种地质地貌，以前许多人一直沿用"石英砂岩峰林地貌"，这种称谓是不太科学的。因为石英和砂岩只是峰林的成石材料，峰林峡谷才是她的真正地貌。石英砂岩是质的概括，峰林峡谷是型的特点。关于峰林地貌的类型有玄武岩峰林、科罗拉多峰林、丹霞峰林、喀斯特峰林和土林，但这些类型的峰林地貌很少伴随峡谷产生，科学而准确的张家界地貌名称应是"石英砂岩峰林峡谷"地貌。所以，张家界的发现是 20 世纪人类地质史最伟大的发现，张家界也不愧是全球绝版的山水资源，冠称"天下第一奇山"实不为过。现在张家界市政府正在筹备召开张家界地质地貌国际研讨会，争取正式作出"张家界地貌"命名，并写进地理教科书和世界性地理杂志，让全人类都来了解张家界，分享其科学价值。

张家界地貌静如处子，冰心玉洁，具有无法估量的生态价值。

张家界地处西部高原与东部丘陵之间地带，属内陆山地，因地处偏远，人烟稀少，相对封闭，人为干扰少，各地生物相互渗透，物种丰富。特别是坡陡沟深，温和多雨，为众多物种孕育创造了良好条件，最终让这里成为难得的生物基因宝库，被誉为"自然博物馆和天然植物园"。在这片并不特别宽广的森林中，有高等植物 3000 余种、木本植物有 110 科 351 属 1049 种、重点保护植物 35 种、药用植物 700 余种，其中属国家一级保护的 5 种，二级保护的 16 种，仅木本植物就是欧洲大陆的 2 倍，形成了独特的石英砂岩地带森林系统。张家界境内无峰不长树，无树不上峰。山中武陵松分布广，形态奇。独有的武陵松是马尾松的变种，在长期的进化选择过程中适应了石英砂环境和气候，成为一绝，"武陵源里三千峰，峰有十万八千松"就是对它的赞美。保存完好的原始森林中存留着大量的地质遗迹和生物群落。现景区内多珍奇的地质历史遗迹，能采到丰富的三叶虫、腕足类、腹足类、双壳类、角石及海百合等化石，说明这里属于沉积岩。因地形坡陡谷深，这里成为第四纪冰川期动植物的避难所，古老孑遗植保留较多，第四纪植物"活化石"珙桐、红豆杉、娃娃鱼等随处可见。生长于腰子寨的珙桐，是国家一级保护名木。这里还生长着众多的红豆杉，从它的种子、皮里提取紫杉醇，是目前最好的天然抗癌药物之一。除珍稀植物外，还栖息着大量野生动物，有脊椎野生动物 149 种，一级保护野生珍稀动物有金钱豹等 3 种，二级保护的有猕猴、穿山甲等 13 余种。大鲵被张家界定为"吉祥物"，当地人叫"娃娃鱼"，遍布于溪流、泉、潭中。这种环境指示生物告诉人们，张家界的山地溪沟湖泊，到处都是一级水源地。由于人类的文明进程伴随着对大自然的野蛮掠夺，生物多样性保护已成为全球共识。时光倒移 30 年，如果没有海南三亚沼泽地的野败，袁隆平也就不能发明杂交水稻，成为世界"杂交水稻之父"。袁隆平身价为 1062 亿元，不如说一株野败价值 1062 亿元。现今三亚的沼泽地早已不复存在，野败已消失在人们的视野中，所以，张家界的动植物基因宝库是全人类的。

由于高山环抱，林密草茂，景区气候宜人。核心景区空气含尘量较外界减少 88％；细菌减少 97％；空气湿度增加 10％，80％ 以上时间是静风。经常置身于景区，会使人血压下降，脉搏恢复率平均提高 30％，人体感觉舒适。更为值得称道的是，这里的负氧离子极为丰富。居住在城市水泥森林的现代人最渴望享受山野中清新的空气。据测算，张家界负氧离子每立方厘米达 10 万个以上，而北京、上海、杭州只有 700 个到 800 个。漫行于张家界山林中，你立马会有滋心润肺的快感。在上海世博会上，张家界出售空气罐头一事，成为爆点新闻，引发人们多少沉思！山中随处可见的藤本植物野葛富含人体所需的十多种微量元素和氨基酸，具有清热解毒、降压降脂、调理肠胃的功效，享有"北参南葛"之美誉，是滋补身体的绿色食品。

张家界地貌是山水画的原本，具有无比崇高的美学价值。

旅游美学认为，大自然的景观审美内涵应当概括为"雄、奇、险、秀、幽、奥、旷、野"8个字，而张家界兼而有之。中国的山水画，所蕴含的有山为德、水为性的内敛气质，有咫尺天涯错觉观感，有"藏"和"露"、"虚"与"实"的对比格调，有"山重水复疑无路，柳暗花明又一村"的新奇意境。融入张家界景区，给人们心理带来的灵感、顿悟、超脱，与中国山水画神韵又何其相似！难怪，日本画家如是说：张家界是中国山水画的原本。

中国山水画注重意境的构建，长于以曲线勾勒自然和人物，抒发内心的审美情趣，但遇到张家界奇山妙峰的垂直节理，曲线的勾勒遇到了实践的挑战，在曲线和直线之间，能否找到第三种线条表达方式，是未来张家界山水画派要研究突破的难题。明董其昌说："以蹊径之奇怪论，则画山不如画水；以笔墨之精妙论，则山水决不如画。"千奇百怪的张家界自然风光并不是山水画刻意模仿的对象。对张家界表述的"太似"与"不太似"都可以被感官所把握，但在审美感觉提升至"似"与"不似"之间，评断标准就可进入混沌状态。为什么？因为张家界好看不好画，风光太美太奇。画家大师们为其震慑，只能诚恐地照着上帝的杰作精心描绘，而不敢或来不及将对象仔细分析、理解、取舍，进一步归纳而将其升华提高。画张家界，画像则支离破碎，画面无法统一气势；但画出了气势，又极易变成黄山、泰山而根本不是张家界。

对张家界的奇山妙林，画家们在被美景震慑的同时，穷其艺术构想，归纳为一系列的方法和技巧。对此，黄格胜先生有过总结探索。面对一大堆参差不齐、大小各异的群峰，先定下一个"主"峰，其他"客"峰可以

在目力所及之内随意挪移，为画面服务，此为"挪移法"。眼前山无树，画面上实下空，于是从旁边借一棵树或一块巨石来填空画面，使其稳定饱满，此为"借景法"。眼前及环顾左右均无补景之物咋办？只需闭目一想：凡此地所有的山石林木、溪流桥梁、房舍楼宇等等，均可借来一用无妨，且绝无可挑剔之处。而南国的木棉、戈壁的胡杨，则万万不可出现于此，此为"无中生有法"。此地多为如笋奇峰，罗列必将细碎小气。古人云"横看成岭侧成峰"，以其"岭"为画面主体，以其"峰"定为画面主题，这样就达到以"面"造势，以"线"造型的效果，就能把看似支离破碎的对象画得完整统一，此为"避小就大法"。万里晴空下以可把对象画得云雾缠绕，使画面生动鲜活，可以用云雾把重叠在一起的山峰拉开距离，使之层次丰富，

峰林叠翠　覃文乐 / 摄影

此为"分水法"。张家界峡谷中的群峰，远山其实就是高地，画面奇峰耸峙，远山用几抹淡墨将零碎的近景统一起来，对画面的整体颇有效果，此为"远山统一法"。画张家界还有一个重要手法就是色彩的运用。张家界山石的颜色基本以红、黄赭等暖色调为主，但植被的覆盖、雨水的冲刷、时间的镂刻，使它又不是简单的色调可以表现的。使用调配的复色，既色相明确，又不显得单调火气，既有国画的单纯，又有油画的丰富。"张家界顶有神仙"，仙境一样的环境，让住在山里的人不需养鸟，天天都有鸟语花香；不需作画，门外就有一幅国画，它的名字叫自然。

　　（本文作者原任中共武陵源区委副书记，现在省政府供职。本文转自《张家界旅游资讯》精华本）

张家界地貌
——奇山秀水背后的故事

文／任舫

　　每每提到张家界，总是会让人想到那"三千翠微峰，八百琉璃水"，张家界砂岩峰林的美，是一种具有强烈震撼力、摄人心魂的美，初见张家界的峰林砂岩峰林的人们，无一例外都会深深地为它惊叹，也只有如此的独一无二，才会成为好莱坞电影"阿凡达"中的"潘多拉星球"原型地。

　　张家界地貌归属于砂岩地貌，是一种非常独特的类型。它是由巨厚的石英砂岩为成景母岩，并且，这种石英砂岩在后期的构造抬升过程中，一直保持近水平状的抬升，以流水侵蚀、重力崩塌、风化等作用力形成的以棱角平直、高大、密集的石柱林为主的地貌景观。如此密集的石柱、石峰景观，全球罕见。

　　国际地貌学家协会主席迈克尔·克罗泽对它此评价："张家界地质公园内的砂岩地貌特征，在全世界范围内看来都是非常独特的。"世界上也存在类似的地貌特征，但没有张家界如此鲜明的特征和规模，集美感与科研价值于一身，张家界地貌理应得到世界的认同！

　　究竟是一双怎样的神奇之手，造就了这奇绝、秀美的景色呢？李延栋院士认为"张家界这种砂岩地貌，在中国乃至全世界都十分罕见，其形成条件也非常苛刻。"从地貌发育的角度，以下三个条件缺一不可：

一、物质基础

　　巨厚的石英砂岩，是形成砂岩峰林地貌的物质基础。石英砂岩，在岩石分类中，属于沉积岩，是由碎屑沉积形成的。而能形成巨厚石英砂岩的古地理环境，便是浅海或者沙漠地区。

　　化石和地球化学证据表明，张家界的主要成景岩层，便是处于浅海海滨环境下沉积下的产物，地质历史时期被称为"中晚泥盆纪"（距今约 3.93 亿—

3.58 亿年前期间）。
正是这样的古浅海
滨海沉积环境中，在
此沉积了巨厚的以
石英颗粒为主的沙
子（古海洋的沙滩），

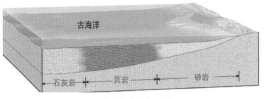

石英砂岩的沉积环境

经过后期压实、固结成为巨厚的石英砂岩，这便是张家界地貌的最初的物质
基础和成景母岩。其石英含量高达 90% 以上，且其胶结物多为铁质、硅质等，
石英和铁、硅质胶结物的化学性质在表生环境下十分稳定，具较强的抗蚀性。

二. 构造条件

1. 特殊的构造部位，是张家界地貌形成的重要因素

岩层受力挤压形成褶皱和断裂，发育张家界地貌石英砂岩峰林的岩层，
正好处于一个向斜的核部，石英砂岩的岩层产状平缓，使得岩层之间不易发
产生顺层的垮塌，有利于峰柱的稳定，地貌形态得以保存。

2. 新构造运动以来的间歇性抬升

新构造运动以来，张家界地区间歇性上升，总升幅达 400~500 米，形
成四级夷平面。张家界的峰林峰丛从海拔 300 米到 1000 米分四个不同层次，

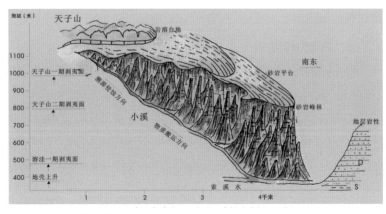

张家界夷平面与峰林、台地示意图（此图来自其他科研论文）

这种分层是地壳在一定的地质历史时期差异化抬升而在地貌中留下的证据! 这些巨厚石英砂被抬升后, 会形成新的侵蚀模式, 从高原到低矮的谷地增加的地势落差, 极大地促进了水、重力等外动力对砂岩地貌的侵蚀。

3. 构造引起的区域断层节理模式决定了张家界峰林的格局和密度

由于板块运动的巨大应力, 张家界石英砂岩岩层十分发育的完全内穿的垂直或近垂直节理, 这些密集的断层节理, 形成了岩石中的薄弱地带, 外力作用 (风化、侵蚀、崩塌) 会沿着这些断裂的布局、走向进行较快的风化, 这就像一位雕塑艺术家, 先在创作的岩石上用刀刻好了大致的轮廓, 再经过亿万的风霜雪雨, 细细打磨, 成为艺术精品。

4. 处在相对稳定的 "克拉通" 地块中

自张家界峰林地貌形成以来 (第四纪以来, 距今约258万年), 密集的石柱、石峰能屹立不倒, 另一个重要原因便是张家界一直处在扬子克拉通板块内部, 所谓 "克拉通" 就是大陆地壳上 "长期稳定的构造单元", 即大陆地壳中长期不受造山运动影响, 只受造陆运动发生过变形的相对稳定部分。因而后期张家界形成峰林地貌后, 位于稳定的克拉通内部, 也决定了张家界地区没有大地震的发生 (大地震一般发生在板块边缘, 而不是稳定的克拉通内部), 据GBI8306-2001《中国地震动峰值加速度分区图》划定张家界地区属弱震区。所以, 没有摧毁峰林的大地震灾害, 也使得这绝美的景观能被保留下来。

三、外动力作用

塑造地貌的动力是地球的外动力作用, 包括太阳、风、雨、河流对岩石的风化、侵蚀和搬运。距今6500万年新生代的 "喜马拉雅造山运动" 形成了我国现代地貌基本格局。我国三级阶地的地貌格局形成, 而张家界地区恰好处于二级阶地向三级阶地的过渡地段, 侵蚀基准面下降, 当侵蚀基准面下降时, 河流的下蚀作用随之而加强, 成为外动力雕刻张家界地貌的有利因素。

同时, 青藏高原快速隆升, 阻隔了季风的回流, 我国东部形成了相对独

张家界峰林

立的季风气候区，加上台风的影响，使得张家界所处的华南地区成为温暖湿润的亚热带季风气候区。丰沛的降水、炎热的环境和侵蚀基准面的下降（意味着侵蚀能力加强）带来地貌发育的良好外动力条件。天然的地形组合与炎热多雨的气候条件，十分有利于区域内地表水和地下水的形成与富集。强烈的流水侵蚀作用（尤其是下蚀作用强烈），使得张家界石英砂岩岩层受到强烈侵蚀，从而提高了张家界地貌的发育程度。

物质基础、构造条件、外动力作用——这三个条件是形成张家界地貌缺一不可的条件，世界上的几个偶然条件正好满足，便形成张家界这一特殊的地貌类型。张家界地貌的奇迹，就是将偶然变成了必然。

张家界砂岩峰林地质遗迹的形成过程与地貌表现形式，是地球自中元古代以来的演化历史的体现，是珍贵的地质遗迹，并具有国际对比意义。

[本文辑自《中国旅游营销张家界范本》，作者系中国地质科学院副研究员、国际地貌学家协会（IAG）红层与丹霞地貌研究工作组秘书长]

武陵源十大美

武陵源石英砂岩峰林地貌，享有"地球纪念物""地球生命之花""大自然迷宫""天下第一奇山""扩大的盆景，缩小的仙境"等一系列美誉，因其独一无二而被国际地貌学家命名为"张家界地貌"。概括起来，武陵源有十大美。

石峰林立之美

武陵源397平方千米版图范围内，石英砂岩峰林地貌面积竟达264平方千米。核心景区内，渺渺茫茫，一望无际，数以千计的石峰是世上独一无二的峰林景观，给人以气势磅礴、宏大壮阔的美的享受。

这些石峰数量繁多，从航拍照片上可以直观地看到，海拔300米以上的石峰共有3103根。石峰高低错落，鳞次栉比，给人以错落变化的美感。

登上天子山、黄石寨、腰子寨、鹰窝寨、乌龙寨等高台地，举目四顾，无论是高山之上，还是群山环抱之中，都耸立着高低参差、奇形怪状的石峰。从山崖之下延伸至视线尽头，石英砂岩峰林如春笋般窜出地表，形态各异，生机勃勃，心旷神怡和赏心悦目之感不禁油然而生。

从峰体造型看，这些石峰或浑厚粗犷、险峻高大，或怡秀清丽、小巧玲珑，阳刚之气与阴柔之姿并具。

从整体气势上来品评，武陵源石英砂岩峰林符合清、丑、顽、拙的品石美学法则，给人以赏心悦目之美感。

从峰体色彩看，由于石英砂岩的特殊岩质，使其峰体色彩似潇洒倜傥、鲜活红润的少男少女，朝气勃勃，魅力无穷。

武陵源石英砂岩峰林整体的壮美与石峰个体的秀美有机结合，让人叹为观止。

形神兼备之美

武陵源三千奇峰，峰体层叠清晰，直线纵横，棱角分明，宛如刀斧横砍竖削斜劈而成，其造型奇姿异态，完美无缺，变化万千。

登高远眺，峰林连绵，漫无边际，远近石峰如辽阔大海中的浪涛，此起彼伏，气势磅礴。

细看千百座石峰，奇姿异态，变化多端，形象生动。若人者，如采药老人、仙女照镜、仙女献花、武士驯马、将军岩、文星岩，无不栩栩如生；若禽兽者，如神鹰护鞭、雾海金龟、兔儿望月、猛虎啸天、骆驼峰、老鹰嘴、金鸡报晓，的确活灵活现；若物者，如天桥遗墩、金鞭岩、御笔峰、兵书宝匣、蜡烛峰、石船出海，堪称惟妙惟肖。

令人叫绝的还有奇特的天桥、天下第一桥、仙人桥和南天门等石桥石门。那悬空飞架于巨大石峰之间的石桥，有的弧形如虹，有的独梁横架，有的方形铺设；巨岩构成的南天门，气势雄浑，世所罕见。

夫妻岩、望郎峰、千里相会、望穿秋水等景点，无不透露着人类温馨浪漫的美好情感和耐人寻味的诗意境界。

如此不拘一格的奇峰怪石，真是不胜枚举。

壁险谷幽之美

武陵源连绵起伏、跌宕错落的山岭中，峡谷幽壑纵横交错。金鞭溪、神堂湾、百丈峡、十里画廊，是众多峡谷的代表作。

金鞭溪大峡谷全长 7.5 千米，享有"世界上最美丽的大峡谷"之美誉。两岸翠峰簇拥，溪水绕峰穿峡，幽雅清静，林茂花繁。沿石板游道顺溪而下，绝佳景点有金鞭岩、紫草潭、千里相会、跳鱼潭等。

百丈峡危崖高耸，流水淙淙，兽吼鸟鸣。走进百丈峡，两侧陡壁千仞，危崖如削，仰头只见一线天，使人疑是失足坠入地壳的狭缝里。走过插旗峰下的系马桩后，沿小径往西南行，会看到峡谷越来越险，可谓"一夫当关，万夫莫开"。

十里画廊妙峰连绵，妖娆多姿。廊长约五千米，两边林木葱茏，野花飘香；奇峰异石，千姿百态，像一幅幅巨大的山水画卷并排悬挂于千仞绝壁之上，人行其间如画中游。

神堂湾悬崖绝壁，树木密匝丛生，深不见底，至今仍为无人涉足的原始生境。峡谷里有时雾罩如汪洋，有时缕缕白云自谷底冉冉升起。每逢大雨，谷中常迸发出水石撞击之声，如鸣锣击鼓、人喊马嘶，令山谷震撼，神话流传。

沧海桑田之美

三亿八千万年前，武陵源一带还是一片古海洋。曾经沧海难为水，穿越亿万年的时光隧道，大自然的伟力已将这片古海底雕刻成一朵巨大的自然之花。一条条峡谷的边沿就是一片片花瓣；一根根石峰就是一根根花蕊，被怀抱在花瓣之中。这朵花在云海的消长中盛开和闭合，半开半闭的姿态最是迷人。峡谷之中、峭壁之上奔流和飞洒的溪水山泉，便是甘甜的花蜜。这是自然界中最伟大最永恒最美丽的花朵。

难怪联合国教科文组织官员在考察验收世界地质公园时发出由衷的赞叹：武陵源是地球的生命之花。

人生不过百年，游走在这方神奇的土地上，数日便可见证武陵源石英砂岩峰林从幼年到老年的演变过程，经历亿万年的漫漫时光。这不能不说是世间最美妙最神奇的时空穿越。变化和发展永无止境，武陵源石英砂岩峰林终会老去。正如陈国达先生所说："从地质时间的尺度和自然规律看来，不能脱离诞生、成长、衰老、消亡这个过程。虽然这个过程十分缓慢，但是最终还是要走完的。"人不可改变自然规律，但是可以让峰林消失的进程减缓，其前提就是人类必须走科学发展之路。

山水相映之美

武陵源三亿八千万岁的三千奇峰是苍老的，但是八百秀水则是峰林间渗漏的玉液琼浆，犹如古木之上新陈代谢的树叶，既是宝贵的，也是新鲜的。

武陵源峰林峡谷之间，泉、瀑、潭、湖、溪不计其数，水景类型齐全，且久旱不断流不干涸，景色宜人，美不胜收。

氤氲的云气常年乘着东南风而来，在三千奇峰之上聚集，然后以雾雨冰雪的形态降落在峰林峡谷间，以水的形态滋润着大地，滋润着万物。奇山异水，相得益彰。水从石缝里钻出，人们叫她泉；水从悬崖上跌落，人们叫她瀑；水在沟壑间深藏，人们叫她潭；水在洼地上汇聚，人们叫她湖；水在峡谷中奔流，人们叫她溪。

囊括无数泉、瀑、潭的金鞭溪，不仅有世界上最美丽的峰林峡谷地貌，而且还有世界上最美丽的水景观。金鞭溪一路欢歌，不断壮大，成为武陵源母亲河——索溪河之上源。

索溪河不舍昼夜，穿越峡谷，汇入索溪湖。索溪湖四周峰林围绕，山清水碧，水映奇峰，多姿多彩。春夏秋冬，索溪湖分别倒映着花烂漫、绿如盖、爽金秋、寒冬雪的不同画面。索溪湖仿佛奇山异水的相册，珍藏着大自然四季的风光。

"相去千万里，心随月色归。来生甘做石，嫁与索溪水。"这是女诗人苏叶对武陵源奇山异水最深情最别致的赞美。

木石相恋之美

武陵源植被繁茂，种类繁多，尤以武陵松生长奇特。武陵松或耸立峰顶，或悬挂峭壁，或横卧峰隙，其形古朴，其势苍劲，其神邈远。

武陵松是由中南林业科技大学植物分类专家祁承经教授于 1988 年发现并命名的。它与马尾松的区别在于树形较矮小，针叶短而粗硬，果球种子较原种小。武陵源三千奇峰，只要有缝隙的地方就生长有武陵松。武陵松因奇峰而挺拔，奇峰又因武陵松而灵秀。

石英砂岩峰林之上的武林松，犹如一个个威猛的土家汉子站在城墙之上，绝对是久经酷暑严寒和风霜雪考验的自然勇士。武陵松是具有独特美的树，是具有精神品格的树，是具有土家人个性的树。

如果说三千奇峰是武陵源第一风景，那么峰林之上的武陵松无愧于第二风景。

除了武陵松，还有杜鹃树、野樱桃和许多不知名的树木与武陵源石英砂岩峰林相依相伴。它们以翠绿的树叶和妖艳的花朵，把峰林衬托得更加妩媚和绚烂。

变幻无常之美

武陵源春夏秋冬，四季分明；阴晴朝暮，气象万千。

气象变化常使峰林神秘莫测。万里晴空时，群峰齐指蓝天，静谧和谐，悠然洒脱。疾风骤雨来临，则峰林朦胧，傲然挺立。雨空初霁，便云雾漫卷，群峰忽隐忽现，时近时远，似幻似真。由于石峰高低参差，海拔不同，植物分布各异，常有"十步不同天"的景观。有时，山下细雨霏霏，山上却晴空万里；有时，山上云遮雾罩，山下却阳光灿烂。美国好莱坞大片《阿凡达》中的悬浮山，吸引了全世界观众的眼球，其原型就是云海中的武陵源石英砂岩峰林。

晴朗的清晨，一轮朝阳在五彩云霞簇拥下，从奇山异峰中冉冉升起；傍晚，晚霞又伴落日躲到峰林的背后。那林立的峰石，在绚烂霞光的沐浴下，更显韵姿绰约，分外迷人。

月明星稀，峰林在皎洁的月光下披上层层雾纱，尽显神秘和朦胧之美。

武陵源林海随着季节和气候的变换，次第展现不同的姿色。初春，万树新绿，百花盛开；仲夏，绿浪叠涌，百鸟争鸣；深秋，绿映红黄，百果飘香；严冬，银装素裹，山林一色。即使同一季节，山上山下也是生态迥异。山顶冬意未尽时，山谷已是花红叶绿，节令相差半月以上。

原始生态之美

武陵源核心景区每立方厘米空气，其负氧离子含量平均高达 10 万个。难怪美国科罗拉多州原州长南希·迪克不无夸张地说："在张家界，每呼吸一次，应付 5 美元。"这充分说明，武陵源原始生态环境极其优越。

武陵源这块"人间净土"，生长着野生动植物 4000 多种，仅高等植物的种类就是欧洲的两倍多。丰富的物种资源使武陵源拥有"生物基因库""野生动物乐园"的美称。

武陵源不仅保存着长江流域古代孑遗植物群落的原始风貌，而且还具有完整的生态系统和众多的野生珍稀动植物物种资源。境内有高等植物3000 余种，首批列入国家重点保护的珍稀濒危种子植物有珙桐等 35 种。其植物垂直带谱明显，群落结构完整，生态系统平衡，蕴藏着众多的古老珍贵植物和中国特有植物资源。其森林覆盖率已达 74.75%，核心景区更是高达 97%，并保存着神堂湾、黑枞脑等两处原始次生林。

森林茂密给这里的动物生活和繁衍创造了良好的环境条件。经初步调查，武陵源境内陆生脊椎动物共有 50 科 116 种，其中包括《国家重点保护动物名单》中的一级保护动物 3 种，二级保护动物 10 种，三级保护动物 17 种。

武陵源不仅是大鲵的故乡，而且也是猕猴的王国。长期以来，武陵源动物世界由众多顽皮淘气的猕猴统治着，它们凭借着猴多势众和仅次人类的智慧在这里称王称霸。

田园风光之美

武陵源石英砂岩峰林下共有七处如诗如画的田园风光，梯田层叠，溪水环绕，绿树掩映，村舍错落，炊烟袅袅。春天来临，山冈田野，桃红李白，菜花金黄，紫云英姹紫嫣红；进入秋天，这里又是满眼丰收景象，辉煌绚丽。那真是一幅幅色彩斑斓的油彩画。其中，以空中田园、沙坪田园最为著名。

空中田园位于天子山老屋场，与袁家界隔谷相望。后山横卧高耸，至腰部平展，形成小块台地，边缘突然下切空落，为陡崖险谷，深不见底，将台地悬于半空。台地之上梯田层层，约7公顷，常年种有水稻和油菜。春日夏时，台地泉水盈盈，吐黄纳绿；金秋时节，则是一片金色的田野，辉煌灿烂。

这座近乎与世隔绝的空中田园，居住着几十户人家，土家居民世世代代勤劳俭朴，过着"半人半仙"的生活。青墙黑瓦，草树斜阳，菜畦青青，炊烟袅袅，时闻鸡鸣犬吠、羊咩牛哞之声，润心悦耳，如人间仙境。

沙坪田园则被两溪环抱，田园平缓上升，直至与画屏般的百丈峡峰峦相衔接。村宅点缀，绿树四合，翠竹依依，炊烟袅袅，勾勒出浓浓的乡村氛围，令人无限陶醉。

武陵源俨然一幅由奇山异水、茂密森林、多姿溪涧、变幻烟云和淳朴的田园风光所构成的立体长轴画卷，融自然美与人文美于一体。

民俗文化之美

武陵源的奇山异水和生态环境无不凸显着原始美，但并不能说明这里就是无人区。

早在两千多年以前，武陵源一带就有人类繁衍生息，世代居住着土家族、白族、苗族等少数民族，至今仍保持着独特而美丽的民俗文化。这种民俗文化之美主要表现在服饰工艺、饮食居住、婚姻习俗、传统节日和歌舞戏曲等五个方面。

"改土归流"以后，这里土家男女多穿绣有花边的满襟衣，花边多由青年女子精绣而成，色彩鲜艳明快，线条疏密有致，图形多以花草为主，显示出土家女子巧夺天工的绣绘技巧。

武陵源工艺美术包括织锦、挑花、刺绣、制陶、印染、雕刻、编织等，可谓门类繁多，特色鲜明，其中最有代表性的要数织锦、滴水床和竹背篓。

武陵源饮食以麻辣酸香为主。蜂蜜山泉茶，甜酒山泉茶，瓦罐老叶茶，或甘甜可口，或沁人心脾，或韵味醇厚；五谷杂粮酒、葛根酒、杜仲酒、果品酒、蛇酒、虎骨酒、猴头酒，几乎无所不酿、无酿不精；枞菌煮肉汤，异常鲜美；胡葱炒腊肉，香味诱人；油酥蜂蛹，香脆可口；山泉煮岩蛙，清香宜人；茶油酥竹鸡，香可醉人；泥鳅钻豆腐，鲜嫩无比；合渣拌香葱，营养丰富；苞谷粉腌酸辣子，辣爽下饭；酸鱼酸肉，风味独特。

土家吊脚楼，或悬于高崖陡坎，或置于河岸溪谷之上，与奇山相衬，与秀水相映。

自古以来，这里土家族有"哭嫁""争婚床"等婚俗，一直延续至今。武陵源凡待嫁女子，订婚以后就要学习哭嫁。出嫁前夕，同村未婚女子也来陪哭，要连哭三至七天，哭嫁内容极为丰富，有"哭父母""哭戴花""哭吃离娘饭""哭上轿"等。

"过赶年""四月八""六月六"，是武陵源最盛大的传统节日。土家人过年的时间和汉族不同，要比汉族早一天，所以叫"赶年"。"四月八"这天，这里家家户户杀猪宰羊，打粑粑，亲朋好友相互祝贺，极为隆重。每至"六月六"，这里家家户户备办酒肉、做豆腐，请亲朋好友共度佳节。

武陵源无论男女老少，能歌善唱者不计其数。他们用歌声表达爱情，用歌声交流思想，用歌声振奋精神，用歌声抒发对美好生活的向往之情。每到节日，土家山寨都成了山歌的海洋。武陵源的舞蹈也别具一格，有摆手舞、铜铃舞和板凳舞等，其中最有影响的要数摆手舞。武陵源的传统戏曲主要有茅古斯、傩愿戏、阳戏、三棒鼓、九子鞭等，其中以茅古斯和傩愿戏最具代表性。"茅古斯"是土家族的原始戏剧，傩愿戏被民俗学家誉为中国戏剧史上的"活化石"。

（本文辑自《畅游武陵源》，李伊忠、胡少丛等参与编写）

第三千零二峰

——吴冠中纪念铜像塑造纪实

文 / 流云

　　张家界有"三千奇峰、八百秀水"之美称；而有人又将耸立在天子山上的贺龙元帅的铜像称为第三千零一峰，那么，朋友，我要告诉你的是第三千零二峰也是铜像，是著名画家吴冠中纪念铜像，它于 2012 年 9 月正式落户在张家界国家森林公园。

　　2012 年 6 月 30 日上午，在我国著名学府清华大学美术学院，由中国文联副主席冯远、清华大学副校长谢维和以及吴冠中长子吴可雨，著名雕塑家李象群等相关人士共同为吴冠中铜像设计小样（青铜像）揭幕。作为吴冠

2012 年 9 月 19 日，吴冠中纪念铜像在张家界国家森林公园落成，清华大学副校长谢维和、湖南省人民政府副省长徐明华等领导和嘉宾出席揭幕仪式

中先生的家属代表吴可雨先生以一种无比
激动的心情发表感言说：父亲早在上世纪
70 年代末初访张家界，并写下《养在深
闺人未识》一文以及绘画《自家斧劈——
张家界》等作品为张家界早日走向世界立
下了功劳。对此，张家界人民是感恩的，
也是无法忘记的！所以张家界国家森林公
园管理处为我父亲建造铜像是一种最真切
的纪念，我向他们表示衷心感谢！

著名画家吴冠中生前为流云题字

如果说可雨先生作为吴冠中的亲人
说出一些感动的话是在情理之中，那么，
我作为建造铜像工程的参与者之一，是应
张家界国家森林公园管理处邀请的"编外"
工作人员（筹建工作小组中被安排为该项
目"策划人"），对吴冠中铜像的筹建过程
更是无法忘怀的！因为，铜像的建造从创
意到实施的过程是一波三折，历经艰辛才
将铜像建成的。

吴冠中长子吴可雨先生（左）与本文
作者流云在吴冠中铜像前合影留念

时光倒流在 2010 年 7 月 7 日下午，
张家界国家森林公园管理处召开处长常务会议。会前，处长李军邀请我列席
会议，并就建造吴冠中铜像的构想由我向张家界国家森林公园管理处领导班
子作出汇报。继而，与会人员经过讨论后达成共识认为："张家界国家森林公
园从一个名不见经传的国营林场成为中国第一个国家森林公园，吴冠中先生
做出了特殊贡献。在公园建造一座高标准的吴冠中纪念铜像，对于缅怀吴冠
中先生，提升公园品牌形象，都具有重要的意义。"会议还作出决定成立筹
建工作小组，并安排了工作经费。张家界国家森林公园管理处于 2010 年 8
月 8 日印发了〔2010〕5 号"处长常务会议纪要"，且将"筹建吴冠中纪念铜像"
作为处长常务会议第十五项单列以示重视。

处长办公会后，以邓少兵副处长为组长的筹建工作小组第一次会议在张家界国家森林公园举行。邓少兵、宋伯胜、杨坤明、张雁、李伟、周仕厚等工作小组成员到会。我们对项目的目的与意义作了强调，而对项目推进办法、时间与人员分工均作了布置。根据宋伯胜提议，由我担任项目策划人，负责方案撰写与联络工作等。我深感责任重大，就与清华大学美术学院、吴冠中家属、黄石寨客运索道公司多次进行有效沟通，且对名山、名校、名人的互动构想向邓少兵副处长提出后，他对在森林公园设立清华大学美术学院写生创作基地作了更加贴切的安排。

感恩是前提，而扩大名人效应，建造吴冠中铜像对于促进张家界旅游经济大发展更是主题，张家界国家森林公园管理处将吴冠中铜像建造工程作为一项重点工程来抓。邓少兵副处长率工作小组三上北京，先是与吴冠中亲属代表洽谈，征得家属同意建造吴冠中铜像，并确定雕塑家李象群为铜像设计师；当铜像设计稿出来后，邓少兵副处长又带人赴京定稿；然而，定稿后由于选址问题久决不下，按有关法定程序必须由市人大通过选址方案后方可建造。于是，考察、论证、研究；再考察、论证与研究；直到2012年6月27日，市人大终于作出决定，同意在张家界国家森林公园建造吴冠中纪念铜像。6月28日，邓少兵副处长、张管处工会主席宋伯胜等5人又专程到清华大学美术学院再次与卢新华、吴可雨、李象群等就铜像的建造时间与场地和铜像揭幕仪式等一一达成共识与谅解。双方决定于2012年9月15日将铜像建造竣工，并在9月20日正式揭

著名画家吴冠中曾于1995年在北京方庄寓所会见流云并结下了山水情缘（邀请吴冠中先生参加张家界活动并授予"张家界市荣誉市民"）

幕供中外游人瞻仰。至此，吴冠中纪念铜像建造工作取得了实质性成果，而在 6 月 30 日举行的《吴冠中追思文集》首发仪式上，清华大学美术学院鲁晓波院长也正式向公众发布消息，吴冠中铜像将落户张家界国家森林公园。

2010 年 6 月，著名画家吴冠中先生在京病逝后，流云专程赴京征求吴冠中家属关于建造吴冠中铜像意见，并获得同意

一尊高大醒目的青铜像竖立在大庭广众之下，许多人似乎见到了活着的吴冠中先生。2010 年 6 月 25 日，一代艺术大师吴冠中在北京与世长辞！噩讯传来，张家界人无不感到十分悲痛；我作为吴冠中先生的忘年之交，早在他生前征求他本人的意见时说："张家界有一位台商叫张辅仁先生想为您建造一座铜像，不知吴老是否同意？"甘于奉献，不图回报的吴冠中先生对身后事都要求一切从简，而对于生前为他建造铜像的建议很自然地被老人给谢绝了！吴老去世后，张家界国家森林公园管理处委托我作为代表赴京吊唁吴冠中先生。当我轻轻叩开那道熟悉的房门时，我见到了熟悉的朱妈妈和吴老的长子可雨、次子有宏，他们兄弟二人一方面安慰我放下沉痛的心，一方面听取了我代表张家界国家森林公园管理处关于对建造吴冠中纪念铜像的请求。没想到，吴可雨先生作为家属代表很快与我达成了建造铜像的共识。他还以十分激动的心情说："谢谢张家界！"随后，他在我带去的意见书上写下了："同意在张家界国家森林公园建造高标准的吴冠中先生纪念铜像。"

家属同意了，吴冠中生前供职的清华大学美术学院也同意了，张家界国家森林公园管理处便将铜像建造工程列入议事日程。要建造铜像，首先要考虑由谁来设计塑造。对于此，吴可雨先生与清华大学有关人员共同推荐了著名雕塑家、清华大学美术学院雕塑系教授李象群先生担任设计，其理由是吴冠中先生在世时对李象群教授所创作的作品是极为赞赏的！于是，吴冠中先生铜像的设计者也很快被承建方、监制方等多方认同。

2010 年 12 月 5 日，清华大学美术学院代表卢新华与著名雕塑家李象群先生从北京专程来到张家界国家森林公园考察吴冠中铜像选址。此前，应张家界国家森林公园管理处邀请，吴冠中的长子吴可雨先生对铜像选址做过考察，其初步意见选址为黄石寨山顶。据了解，吴冠中早在 1979 年访问张家界绘画写生地就在黄石寨与老磨湾一带，故在黄石寨顶建铜像是有纪念意义的。

距黄石寨索道上站对面的一个高压电机房所在地是铜像的第一选址，在该电机房周围是郁郁葱葱的树木，若将铜像建在绿树掩映的空坪处，其效果是比较理想的，李象群与卢新华也完全同意吴可雨先生的初选意见。对于这位年约四十岁左右，头上的秃顶格外醒目而酷似那位叫"委员长"的李象群而言，人们还是十分陌生的！不过，我通过他赠送我的一本《中国美术大事记——李象群艺术创作状态》了解到这位雕塑艺术名家的创作历程。

毛泽东、邓小平、茅盾、徐悲鸿、巴金等伟人与文化名人都是由李象群先生成功设计塑像的。此外，以古代历史人物慈禧太后与现代女人裸体结合的塑像曾在艺术界名噪一时，且争议声四起；那幅雕塑作品名叫《堆云·堆雪》。李象群先生 1961 年出生于黑龙江，曾毕业于鲁迅美术学院雕塑系，其作品《接力者》被国际奥委会博物馆收藏，《巴金》被中国现代文学馆收藏。他的作品还获日本、英国等国际国内艺术大奖。

"雕生活美，雕人间情。"李象群先生曾给我赠书并题词。他对于创作吴冠中先生铜像作品又是怎样构思呢？一代艺术大师的形象如何表现，又如何达到让世人认同，这绝非是一般意义上的事情。从接受吴冠中塑像的设计任务开始，这位中外闻名的雕塑艺术家怀着对吴老无比崇敬的心情，他潜心研究吴冠中的艺术探索与人生轨迹。从而，一个艺术形象不断在心头上孕育而成！

"像，太了，我似乎见到了敬爱的老师！他又活过来了啊！"2011 年 4 月的一天，我们在北京 798 艺术长廊的李象群雕塑工作室见到了吴冠中铜像的设计小样（泥塑）。吴冠中的学生赵士英默默地凝视着吴老的雕像，他又一次勾起了对老师的思念，他流泪了！而此时此刻，见到雕像后无比激动的还有吴冠中的两个儿子，吴可雨、吴乙丁，他们兄弟俩望着栩栩如生的父亲更是百感交集啊！我与吴老生前有过交往，我还依稀记得吴老的模样，我便对一起观摩的邓少兵副处长和周仕厚说："不仅仅形似更是神似啊！"

2011 年，吴冠中铜像项目推进组研究铜像设计方案

为了创作吴冠中雕塑作品，李象群先生全面收集了吴冠中少年时期、国立艺专时期、法国留学时期、归国任教时期及晚年时期的照片，经过认真梳理，李象群发现"写生""采风"贯穿了吴冠中先生的整个艺术生活。从中国到法国，又从法国回到中国，学贯中西的吴冠中经过了"文革"的断桥，再续与艺术的前缘；每一个阶段，他都背着画夹流连于自然山水之间，吴冠中就是在不间断的写生过程中确立了自己的艺术价值。于是，李象群决定采用写生途中的吴冠中作为创作的主题。而选择老年阶段的吴冠中是因为此时的他特点更加鲜明，对艺术的执着和认真在他的面部能精神突显。身着夹衣，手拿风衣更是他老年时期日常出现的装束。创作泥稿时，对人物的身体、衣服的处理方法十分概括，只突出了他消瘦的肩膀和向前迈步的动态。这位身材瘦弱的南方老人朴实而高尚，他力行自己所推崇的鲁迅精神，承担着对艺术、对社会的一份责任。他的面部突出的颧骨和紧锁的眉头是画家在艺术道路上所体验的痛苦，如吴冠中自己所言："苦，永远缠绕着我，渗入心田。"此外，李象群还体会到吴冠中对艺术创作的过程就是"不断寻觅表达内心情感的最佳手段"。对于此，作为同为艺术家的李象群创作吴冠中像也是表达自己的心意，也是自我的一种载体展示；而表现的技法在此成为奴隶！通过对吴冠中像的塑造，也体现了艺术家们在大自然及生活中寻找自我价值的状态以及艺术家们对美的追求。

基于写实而改造写实，运用具象而超越具象，所有雕塑语言都服务于个体主体性的有机营造，着力表现吴冠中具有性格特质的瞬间。感性、理性

2012 年 6 月 30 日，清华大学美术学院正式宣布吴冠中铜像将于 2012 年 9 月 20 日在张家界国家森林公园落成。图为流云与雕塑家李象群在一起

和灵性被有机地融入这件具象，表现在雕塑中。李象群先生对于创作吴冠中像有许多感慨，他用极为精辟的话向我传达了他的创作思想。

从创意到泥像、铜像，吴冠中的铜像也不断清晰地印入我的脑海。当一个人的肉体生命消失以后，又一种灵魂的生命托体而出。李象群先生作为雕塑家是孕育另一种生命的母体啊！

"我期待着吴先生的塑像能够耸立在张家界的某一个地方！"在湖南省旅游局供职的欧阳斌曾在《中国旅游报》发表的文章中说。他还在文中列举了建吴冠中铜像的理由是：2008 年，吴冠中曾荣获"张家界发展特别贡献奖"，被张家界人称为"功臣"，受得起这个礼遇；吴冠中深爱张家界，而张家界市人民也深爱着吴冠中，雕像，对双方都是抚慰；张家界是大美之山水，吴冠中是大爱之文人，为吴冠中先生塑像是山水与人文的整合，可以为张家界增添文化的元素，提升文化的含量；一座城市为自己所爱的人塑像，是古今中外许多城市的惯常做法，如美国华盛顿市的华盛顿像，中国中山市的孙中山像，韶山的毛泽东像等。吴冠中生前思路开阔，不拘小节，提倡中西交融，反对故步自封，这与张家界打造国际化旅游城市的观念一致；为吴冠中塑像，既体现了张家界市对功臣的尊重，同时，也可以借吴冠中在国际上的知名度，进一步提升张家界在国际上的知名度，促进张家界的旅游发展。

如此振振有词的理由，欧阳斌先生是说出了许多人的心里话，早在 2011 年在清华大学举行"吴冠中追思会"上，中共张家界市委书记胡伯俊曾作书面发言并庄重承诺要在张家界国家森林公园建造高标准的吴冠中纪念铜像。此后，他又多次过问吴冠中铜像建造的进展情况。

为什么会选择在张家界国家森林公园建造铜像呢？作为吴冠中铜像筹建组工作组负责人，张家界国家森林公园管理处副处长邓少兵认为："吴冠中先生早在 1979 年访问原张家界林场就是现在的张家界国家森林公园，他写的文章《养在深闺人未识》所表现的也是张家界国家森林公园的奇山异水！所以，在张家界国家森林公园建造吴冠中铜像是对历史的尊重！"对于建造吴冠中铜像，张家界市委、市政府主要领导人表示了极大的关切。由于铜像建在核心景区，根据省人大有关风景名胜区保护条例，市人大依照有关程序多次实地考察；张家界国家森林公园管理处处长阚道文则将此事当成一件大事来抓，他亲自带人到市人大汇报而积极争取铜像建造合法手续。7 月 12 日，

阚道文处长十分激动地对我说："对于吴冠中铜像的建造，我们张家界国家森林公园管理处党委一班人认识是充分的，而以邓少兵副处长为首的筹建工作小组所作出的努力也是卓有成效的！"

申报、筹资、选址、设计、论证、铸造，每一个环节，邓少兵副处长都要耗费不少心

清华大学副校长谢维和向张家界市人民政府市长赵小明颁发"清华大学美术学院写生实习基地"证书

血，尤其是四处筹集资金更是让这位土家汉子没少费周折！但是，出于对吴冠中的感恩之情，也出于完成市委领导交办的工作任务的责任心，还有出于对公园发展的迫切需要，阚道文、邓少兵、宋伯胜等张家界国家森林公园管理处领导克服一切困难，终于让吴冠中铜像返回张家界一事有了眉目。周仕厚兴奋地对我说，按预定的计划已将铜像铸造经费汇到了承建方的账户上了。

山青青，水碧碧；高山流水谢知音！作为张家界的山水知音，一代艺术大师将魂归张家界！吴冠中的艺术形象与探索精神将与张家界三千奇峰一样永远耸立在千百万游人的心中，吴冠中纪念铜像必将是一道亮丽的风景供中外游人瞻仰与拍照留念！

养在深闺人未识

文 / 吴冠中

张家界位于湖南省大庸县的北部，貌不惊人名不扬，画家们很少知道她。我到湘西写生，人们给我介绍国营张家界林场。我先是姑妄听之，后来听到不少当地同道的反复推荐，才决心前去看看。

从大庸县出发，路经沙堤公社。冬天，一路上黄土衰草，只有黑、白的羊群是最醒目的色调了。开始山也不高，无非是一般丘陵地貌，车行一个小时都这般光景，我心里有点凉了。但是既来之则安之，还是要前去看看，宁可吃点冤枉苦。不料，张家界林场却意外地使我兴奋，如获失落在深山的明珠。

吴冠中先生《我和张家界》手稿

不让桂林 媲美黄山

随林场公路登山，数十个拐弯，地貌突然大变，峰峦陡起，绿树叠翠，疑是到了桃花源洞口。这里是湖南真正的桃花源，我被引进了奇异幽深的世界。第一个反应是联想到桂林与黄山。这里的秀色不让桂林，但峰峦比桂林更神秘、更集中、更挺拔、更野！桂林凭其漓江倒影，青罗带增添了闺中娟秀。张家界山谷间穿行着一条曲曲弯弯的溪流，乱石坎坷，独具赤脚山村姑娘的健壮美；山中多雨意，雾抹青山，层次重重，这倒颇有黄山风貌。但当看到猴子爬在树顶向我们摇晃时，就完全不同于黄山的情调了。我只见到三几只

张家界马鬃岭
1979 年作（1980 年钤印） 水墨设色，宣纸 104cm×202cm 吴冠中 / 作

猴子，据说林场的同志们却经常能遇上数以百计的猴群。岂止猴子，这里有
的是珍禽异兽。有一种背水鸡，更是前所未闻，山鸡胸前长个口袋，下山盛
水背上山去。生物学家早晚会开采这个新天地吧！我一进山就急匆匆往石林
和树木深处钻，景色把我迷住了。及听说有虎、豹、野猪、毒蛇……才感到
有点害怕。

形式结构美的"画章"

张家界林场位于澧水上
游，方圆数十里。我不了解连
绵不断如此密集的石峰的地质
价值，但看那陡壁直戳云霄，
石峰石壁直线林立，横断线曲
折有致，相互交错成文章。不，
不是文章，是形式结构之美，
可说是"画章"吧。更往高处
遥望，其上有数十亩的原始森
林，我们只好听老乡们讲述曾

张家界写生
1979 年作（1980 年钤印） 水墨设色，高丽纸 103cm×103cm

张家界马鬃岭 水墨设色，宣纸 145cm×368cm 吴冠中 / 作

经攀登上去的故事而望林兴叹！柳宗元、徐霞客和刘鹗等都写下了美丽的游记但他们表达的多半是文学意境之美，至于形式之美，似乎难以文字来抒写。人们习惯于以"猴子望太平""童子拜观音"等等形象的联想来歌颂自然形式之美，还往往喜用"栩栩如生"作为酷似真实的至高评价。其实应该肯定对抽象美的欣赏，许多石头本身就很美，美就美在似与不似之间，而且，宇宙存在着大量形式美，她们并不依赖于像个什么名堂，张家界的石峰名堂可多了，什么秦始皇的金鞭，什么三姊妹……美丽的故事由人们去自由创造吧！

让新桃花源传世

不是为了遣兴而游山玩水，为了探求绘画之美，我辛辛苦苦踏过不少名山。觉得雁荡、武夷、青城、石林……都比不上这无名的张家界美。就以峨眉来较量，峨眉位高势大，仗势欺人，其实没有太多特色，不如张家界美，量有不少美术工作者将会同意我的看法的。湖南电影工作者已经写出了张家界的拍摄稿本，不知拍摄进度如何？在闹市里工作久了的人们，能找到个修养耳目的世外桃源，将误认为我是新桃花源的作者吧。

据说由于这数十里的山势像一匹奔腾的烈马，故名马鬃岭。马鬃岭也好，张家界也好，都尚未闻名，等待智慧的游人们为这绝代佳丽起一个更贴切的芳名传世。

（本文原发表于 1980 年 1 月 1 日《湖南日报》）

第 3 章

人文风情

R É N W É N　　F Ē N G Q Í N G

　　如果说旅行是一种生活状态，包括吃、住、行、购、娱等全链条式融合。从某种意义上看，物质的转换成为精神享受，也是真正意义上的审美。

名厨张竣生推荐：
张家界美食

黑山猪烧大鲵

张家界大鲵可称得是大鲵中的爱马仕，因其优质的水源及生态环境，张家界大鲵一直备受大家的喜爱，这也是张家界美食的一张亮丽名片，特别是在桑植的五道水乡、八大公山等地繁殖的大鲵次二代（已取得食用经营许可）更是供不应求，其价位也是居高不下。

湘西黑猪是中国十大名品，土家大厨张竣生经过多年的研发，选用二者结合秘制菜肴获得成功，并深受广大食客青睐，此菜多次在行业中参赛获奖，现已认定为张家界名菜。

岩耳炖土鸡

岩耳，顾名思义，就是生长在岩石上的菌种，而且在悬崖上居多。岩耳之所以珍贵，是因为采摘岩耳是一般人是无法做到的，是一种玩命的危险生计活。岩耳的功效很多，可以抗凝血，抗血栓形成，可

以降血脂及抗动脉粥样硬化，抗辐射、抗溃疡、抗癌、抗真菌等。而鸡的功效也所谓全身上下都是宝，石耳炖鸡的功效，恰好综合两者的功效与作用于一体，民间称为"济世良药"。

那么说到此菜，不得不提到一个叫杨照远的人，此菜最早出现在原大庸县（张家界市的前身）南门码头"望江楼"，据说1948年初，国民党的残部

首领胡宗南、宋希濂已意识到解放军进军大西南是早晚之事，先后 5 次向蒋介石请求放弃四川，退入滇缅边境防守，当时，在胡宗南下属的大庸籍师长杨照远此时因战场受伤，正在住院养伤，闻讯后，看势不妙，便以病伤为由，主动请辞还乡。因身边长期跟随着一位姓史的川厨，手艺精湛，人品不错，由于战乱家中只剩下自己一人，回来时便把这位川厨也带到大庸老家。回来后杨师长为了家中的生计和安抚那位川厨，便在当时的南门码头接过了开设已久的小酒馆自己经营，后又投资提升，取名为"望江楼"，这也就是望江楼的由来。至此，岩耳炖土鸡与这位史姓川厨有着密不可分的关系，张家界人的麻辣通杀的饮食口味习惯可能也与这位川厨有关吧！岩耳炖土鸡后又经"望江楼"大厨们不断改进，传入民间，成为土家宴客的一道大菜。

土家三下锅

20 世纪初，交通闭塞，三湘四水的澧水河是大湘西通往外界的交通要道，所有与外的物资运输及等价交换的商品都必须经水路完成，庞大的行船构成了独特的"船家文化"。"船家文化"在这一时期到了一个盛行阶段，"三下锅"就是船家菜的代表之作，艰苦的行船生活使人备受煎熬，船家与纤夫们每行到一个交接码头都会上岸买点肉及下水（猪内脏）之类的东西，上船改善伙食（也叫打牙祭）。将所有东西洗净下锅焯水改切成块，主料炒香后放入干椒、花椒、生姜、大蒜籽等配料，待干香味爽、色泽金黄时起锅即食，因在烹制时是三种以上主料混搭，又分三次下锅烹制，故得名之为"三下锅"，这也是经考究后的最新版本，与明朝抗倭并无关联。

土家三下锅的发展可分为三个时期，第一时期是 20 世纪初的船家文化的启蒙期。第二时期是 20 世纪 80 年代改革开放初期，从南

门口一个叫许民才的土厨摆板车卖三下锅开始，到老汽车站的三下锅一条街，把张家界的三下锅开始唤醒，并得到了提升。第三个时期就是 2000 年后，随着张家界旅游的深度开发，游客对美食的渴望，三下锅这道民间土菜已香飘四海，成为游客的首选。

沅古坪腊肉

湖南腊肉数湘西，湘西腊肉数沅古坪。张家界的沅古坪乡一直正宗湘西腊肉的原产地，从食客认可到科学探索，都有其道理。一是沅古坪乡在张家界属高寒山区，也称八区，平均温度比市区要低 8℃左右，低温环境是熏制腊肉的必备条件；二是一

般都会选用生态喂养的猪做原料，肉脆油滑，色泽透亮；三是腌制时间较长，一般为 10 天至 15 天，中途还要翻缸；四是采用冷烟在老瓦房里熏制，保证了腊肉的口感没有呛烟的问题；五是熏制时腊肉离烟火较远，保持了一定的距离，让肉质内部自然发酵增香，所以，真正的沅古坪腊肉产量还是有限的，是当今市场的抢手货。

黄子肉

菜品流传故事：此菜属于一道船家菜，过去澧水行船人在出行考虑到路途遥远，行走缓慢，出行前都需备足粮油食品，禽肉蔬菜，智慧的土家人为了把猪肉保存好，慢慢食用，就用米粉，辣椒腌拌放入坛中密封存放，经乳酸菌发酵就变成了黄子肉的原坯，再用土菜油烹煎至香，两面发黄，使其风味更加独特，流传至今。

土家瑶柱

菜品流传故事：1368 年元朝被推翻，朱元璋即位，任覃垕为慈利安抚使，后周朝廷对蛮人异族采取歧视压迫，视覃垕为山寨遗孽，后与四川明玉相约反明，在茅岗一带收兵造器，迎战明军，每逢战誉归

来，后厨都会用猪油、土鸡蛋、红薯粉合在一起烹制一道风味菜肴，表示庆贺，得覃垕王和官兵大赞，就这样形成了土家瑶柱的雏形。后经历代厨师的传承提升，演变成现今版本。

香煎鱼儿椒

张家界的沅古坪乡与怀化的沅陵县交界。是佤乡族后裔的主要聚集地，智慧勤劳的佤乡人，经过历史的变迁，传承烹制了许多独特风味美食，沅古坪腊肉、马头溪花斑鱼、岩头干菜、干锅竹鸡、酢

鱼酢肉等菜肴，早已被本土食客们熟知，其中坛子菜中的香煎鱼儿椒就是一道佤乡的代表菜，此菜选用沅古坪本土的一种迟熟菜椒，洗净去籽淘空，放入拌好当地的发酵冷水糯米粉，放入坛中密封，坛口朝下放净水盆中，经过乳酸菌自然发酵至 30 天左右即可取食，最长存放可达一年半之久，这也是佤乡待客必上的一道风味佳肴。

泥鳅钻豆腐

泥鳅钻豆腐又叫"貂蝉豆腐"，是民众以泥鳅比喻奸猾的董卓、泥鳅在热汤中急得无处藏身，钻入冷豆腐中，结果还是逃脱不了被烹煮的命运。恰如王允献貂蝉，使出美人计一般。

泥鳅钻豆腐最早出现在豫菜中，湘传是河南周口渔民邢文明创制而成的，他把小泥鳅在家放水盆里吐净了泥，放锅内盖上锅盖，用姜蒜同豆腐一起煮，待煮后揭盖看时，发现小泥鳅钻进豆腐中去了，且是泥鳅尾留于外，此法很快在当地民间传开，而名之为"泥鳅钻豆腐"。此菜最早外传于上湖北（恩施、宣恩、武陵山脉一带）等土家族密集区，清末年间传入湘西，后经土家大厨们的不断挖掘提升，成为土家宴席上的名菜。

酒鬼酥肉

这是土家大厨张竣生开发的一道土家创新菜，也是近年来火爆畅销的一道菜，此菜选用湘西黑猪的五花肉，用湘西酒鬼酒加秘制酱料腌制，烹制时加以土家香肠的调味原理制作，此口味麻辣松脆，色泽金黄油润，是一道佐酒下饭的好菜。

野生小杂鱼

这是一道张家界家喻户晓的家常菜，也是一道船家菜。过去船家和纤夫们在行船途中，只要遇到浅滩鱼多的地方，总会想方设法捞上几斤这种澧水野生小杂鱼解馋，现因环保生态等原因，小杂鱼的捕捞

已转为水库和分支溪流，此菜制作时选用土菜籽油煎至两面金黄，放入天然矿泉水煮至浓汤，再放本地小西红柿和生姜、黄豆末、紫苏、山胡椒、盐等调味即成，成菜汤鲜、味美、营养丰富。

秦大妈十道招牌菜

锅巴王

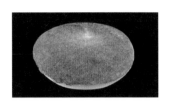

选用来自大山深处的优质稻米——鱼泉贡米，用柴火灶大铁锅将米煮成八成熟，将米汤沥尽，米饭摊在大铁锅里慢慢烘焙而成。有美食专家曾称赞，这种工艺，是中国美食传统手工艺制作的活化石。其制作而成的锅巴粥还有降火、顺气、养胃的功效。在那物资匮乏的年代，儿时最美的零食，柴火灶小火慢焖的杰作。其色其香其酥无以言表。

妈妈炒肉

妈妈炒肉，由大块炒肉演变而来，取上等前腿鲜肉，肥瘦参半，焯水去掉血腥味，切成大小均匀小块，然后大火爆炒出油，再改小火反复煎炒，至两面焦黄，放入本地干椒翻炒数遍即可起锅装盘。农村多五天一场，只有赶场日，妈妈才能买一次肉，因而又叫"赶场肉"。秦大妈的厨师对这道乡村土法烹制的名菜进行了认真研发和改良，在保持传统工艺的基础上，对配料进行了精心挑选搭配，使其色更真、其香更醇、其味更厚，并命之为"妈妈炒肉"。

土家扣肉

选用传统饲养的跑山猪。取其五花肉，进行煮炸蒸多道工序，菜品采用土家传统工艺制作而成。其色红亮、其味软糯、肥而不腻、入口即化，老少皆宜。

黄焖娃娃鱼

借用大山深处的自然环境人工养殖而成，宰杀洗净、小火慢炒，黄焖菜肴味鲜汤浓，富含胶原蛋白。具有养颜美容之功效。

茶油鸡火锅

茶油焖土鸡是一道色香味俱全的名菜，食材选用五谷杂粮喂养的土鸡，采用最上乘的植物油——茶油，小炒黄焖，小火瓦罐煨制而成，原汁原味、香味醇厚、营养丰富，是养生滋补首选之菜品。

湘西腊牛肉

腊味是张家界土家人的一大特色、用多种纯天然的香料腌制、柴火烟熏，其香则与众不同，风味独特，无以言表。

家传鱼头王

用清水鲢鱼头作用原料煎制两面金黄，加入鱼骨熬制的鱼汤大火烧制而成，淋上剁椒，菜品汤鲜，味美堪称鱼类菜肴的标杆和霸主。

秘制酸汤鱼

"三天不吃酸，走路会打蹿"，酸汤鱼头，着重在于的它的酸汤，汤底采用当地小西红柿、辣椒、生姜、大蒜、柠檬、胡萝卜、香菜、葱等十余种食材，发酵一月有余制作而成，最后将酸汤与鱼头、豆腐炖煮而成，汤底浓郁，鲜酸爽口，沁人心脾。

张家界名小吃——叶儿粑粑

叶儿粑粑，又叫蒿子粑粑、阳春粑粑。因用青檀树叶子（又叫粑粑叶）包裹而成。叶儿粑粑选料考究，叶子，必须要深山老林无污染的青檀树叶，才具有色绿形美。

馅料，必须要本地产的香豆坚果，才能够细软爽口。秦大妈在传承传统工艺的基础上，用心改良，菜分两味，咸鲜皆俱。糯米粉面包麻茸甜馅心或腊肉咸馅心，更使其清香滋润，醇甜爽口，叶香味浓。

北京万荣烤鸭

选取的烤鸭体形丰腴，油脂均匀，采用明炉果木炭火烘烤，肉质细嫩、味道醇厚、肥而不腻、鸭香扑鼻。一鸭三吃：酥皮鸭肉蘸上甜面酱，再配以葱丝、黄瓜、山楂条、白糖等食材一同包进荷叶饼皮中，皮酥肉嫩，唇齿留香。片过的鸭架趁热过油，辅以香料均匀拌开，椒香酥脆。取少许鸭架加上小米煮粥，香气十足，入口鲜甜。

秦大妈老字号

一个"秦大妈",
感动一座城

【流云说】"吃是第一件大事",而吃又是旅游六要素之首,那么,向广大游客推荐张家界美食、名店是必然的。三年前,我获悉秦大妈餐饮连锁店向奋战在第一线的公安干警、医护人员免费送餐的消息。于是,我来到南庄坪店只见大家十分忙碌,董事长宋金绒女士也亲自乘饭打菜;随后,我随该店工作人员小向一行三人到市人民医院送餐。当一个个身穿白衣长袍的医护人员们吃上香喷喷的饭菜后,其中一位

妈妈的味道

女护士要付钱时被婉拒,她顿时有些诧异,难道还真有免费的午餐?因为工作紧张而吃了几天的泡面的护士能吃上可口的饭菜,况且是送上门又不收钱,她一时不知道如何表达谢意,但我发现那位女护士激动得潸然泪下了。见此情景,我很快写出了"一个秦大妈,感动一座城"的微文,并受到广大市民的好评。后来,我了解到秦大妈餐饮店是一家有爱心的企业,仅在三年疫情中免费送出爱心餐89000余份,还为农村敬老院、困难农户、城区环卫工人捐款捐物与送餐达一百万元以上。另据了解,秦大妈餐饮管理集团公司董事长宋金绒女士获评为"湖南好人"等荣誉称号。而秦大妈也成了张家界知名的餐饮名店。为方便广大游客了解,特推出"秦大妈记"与"十道名菜",以飨读者。

秦大妈 · 锅巴记

文 / 向国生

数童年快乐，犹记炊烟散尽时，母亲手中锅巴香。其热乎乎、其香飘飘、既解嘴馋、又填饥腹、视为珍馐。

屈指十年有三，长岭岗宋氏兄妹，离乡进城，始谋生计。然苦于本薄技穷，难图大业，于城西郊区一隅，武陵大学一侧，租一窄小门面，锅不过三两口，桌不过三五张，用锅巴作招牌，以土菜为名号，开门纳客。

创业伊始辛酸多，万事开头难上难，店里店外妹操心，台前灶上哥劳累，犹念其母秦氏，于地下潮湿一角，荷铲上灶精心制作，六月热天汗透衣，三伏灶前如煎饼，烧出锅巴比人香，熬出稀饭比人稠，更兼锅巴饭不仅能饱口福，又有清热解暑，顺气养胃之功效，生意由此日旺，小财于是渐进，更忆当年五月，暴雨连天，山洪来袭，不是堂兄志国来报，险酿祸事。

小本小利历二年，锅巴名声已鹊起。兄妹合议，于城内禾家山繁华地段，临街租房，另起炉灶，扩大经营，招牌仍为锅巴饭，名号还是土家菜，然此一时，

新外滩店

传家菜店

饭当家店

私房菜店

秦大妈·锅巴饭土家菜

彼一时也。门面扩大,规模自不比从前,场地已变,档次已不是原来。此时,父亲下山,嫂子进门,人手也不比往常。家人分工,各事所长,兄长小兵厨艺初成,市场采买,台上切配,灶前炒作,一身全兼,起早贪黑,日晒雨淋,任劳任怨,嫂子宏利,小妹金绒,更是辛劳,迎来送归,端茶倒水,点菜算账,清扫整理,从不得闲,更得员工尽力,生意渐盛,复八年,房车之外,尚有盈余。是谓养家糊口,致富小康,全凭锅巴一张。

更叹宋氏兄妹,生意场中砥大志,小富不安图大业,于三年之前,果断决策,移师南庄坪,选址紫薇苑,与书香斯文为邻,倚新老顾客之利,得旅城迅猛发展之天时,拥城南风生水起之地利,兼咸淡皆宜老少之人和,倾其家产,毕其心血,购得铺面,巧装精饰,再度开张。宋氏兄妹还是坚持以锅巴为招牌,以土菜为名号。

有道是贵在坚持,是也。开张三载,客人趋之若鹜,生意越做越旺,自然是搭帮黄澄澄,香喷喷锅巴一张。

由此,秦大妈锅巴饭已成为庸城餐饮名片一张、富民发家产业一桩,可喜可贺也。

是为记。

索溪餐饮十道招牌菜

一碗腊味一两银

湘西腊肉，有浓郁的烟熏味，是湘西人念念不忘的味道！每逢冬腊月，即"小雪"至"立春"前，家家户户杀猪宰羊，除了留够过年用的鲜肉外，其余趁鲜用食盐，配以一定比例的花椒、八角、桂皮等香料，腌入缸中。

七到十五天后，用棕叶绳索串挂起来，滴干水，进行加工制作。选用茶枝、各类果皮、木屑或柴草火慢慢熏烤，然后挂起来用烟火慢慢熏干而成。或挂于烧柴火的灶头顶上，或吊于烧柴火的烤火炉上空，利用烟火慢慢熏干。湘西地区林茂草丰，是熏制腊肉的有利条件。即使城里人，虽不杀猪宰羊，但每到冬腊月，也要在那市场上挑那上好的白条肉，或肥或瘦，买上一些，回家如法腌制，熏上几块腊肉，品品腊味……

一碗腊味一两银的誉名含义，大厨们对腊味的精细挑选、细心制作，首先就是选材非常重要，因为腊肉的食材不一样，做出来的口味就千差万别呢！

峭壁岩耳煨土鸡

岩耳，又叫石耳，其状如木耳，正面黑褐，背面灰白，生长于武陵源砂岩绝壁之上，采摘艰难，极为珍贵，是张家界的"三宝"之一。《本草纲目》记载"其味甘……具有明目益精之功效"，是一种稀有的名贵山珍。

岩耳与土鸡合炖，味鲜美，极富营养，香味醇厚，色泽淡黄，闻之香味

儒雅却让人不可抗拒，尝之更是口舌生津，有补身健体，美容养颜之功效，历来是大补之极品，亦是张家界的传统名菜。此菜自明清开始就是土司每年必献给皇上的贡品，据说每年皇帝大宴群臣也必上这道菜。

金牌砂锅大鱼头

以鱼头的"味鲜"和剁椒的"辣爽"融为一体。火辣辣的剁椒，白嫩嫩鱼头，香气腾腾，细嫩晶莹，味入骨髓，是名副其实的湘菜代表。色泽红亮，口味鲜香辣，鱼肉细腻滑嫩，通过砂锅小火慢煨，保持鱼头口感浓郁及鲜度。配上葛根面，美味佳肴！（砂锅煨菜，也是湘西土家人的饮食习惯）鱼肉中蛋白质含量丰富，其中所含必需氨基酸的量和比值最适合人体需要，因此，是人类摄入蛋白质的良好来源。

红烧娃娃鱼

"娃娃鱼是国家二级保护动物，怎么可以吃呢？"别称"娃娃鱼"的大鲵真的可以吃，因为它们是在仿野生环境的饲养条件下，人工培育的。但是，只有拿到了大鲵特许经营利用证的酒店才能经营娃娃鱼系列餐饮。

娃娃鱼肉嫩味鲜，营养丰富，有抗衰老、驻颜的功效。用娃娃鱼鱼头跟爪子炖汤，可健胃理气、祛风除湿，是老年人最好的滋补品。

野生大鲵是国家二级保护动物，严禁捕捉、食用。人工养殖的子二代大鲵要开发利用，需经省级渔业行政主管部门行政许可，武陵源已成功进行模拟野外环境人工养殖，其肉质细嫩鲜美，色白，营养丰富，蛋白质高，脂肪量低，素为佳肴，亦为珍贵滋补品。红焖娃娃鱼风味特点：色泽红亮，软烂适口，汤汁浓醇，风味独特。

招牌清炖鲴鱼

鲴鱼的营养价值包括高蛋白、低脂肪，还具有降低胆固醇、预防心脑血管疾病的功效。鲴鱼富含生物小分子胶原蛋白，是人体补充和合成蛋白质的原料。鲴鱼以水溶液的形式储存在人体组织中，易于吸收，

具有改善组织营养状况、促进新陈代谢、抗衰老、美容等功效。其中必需的氨基酸的数量和比例适合人类的需要，鱼肉中的脂肪含量较少，主要由不饱和脂肪酸组成，人体吸收率可达 95%。

张家界打鼓皮

牛肉含有丰富的蛋白质，氨基酸组成等比猪肉更接近人体需要，能提高机体抗病能力，对生长发育及手术后、病后调养的人在补充失血和修复组织等方面特别适宜。

寨子里的战斗鸡

喝清泉，食青草，无公害、无污染、无激素，生态好营养，架一口炖锅，爆炒入味的土鸡边煮边吃，紧实弹滑的一块鸡肉下肚，伴着纯正的茶油清香，香辣到无法停止。

鸡不但能滋补身体，还能健脑益智，它含有的多种矿物质、烟酸以及氨基酸等成分可以作用于大脑，能促进脑细胞再生，提高大脑的含氧量，让脑细胞活性增加，食用后有利于提高记忆力，补充维生素，增进食欲，促进消化。

土猪肉炖酸菜

土猪肉炖酸菜中的猪肉富含蛋白质，而且易于消化吸收，能够为人体提供充足的营养，增强体力。猪肉含有丰富的维生素和铁等营养成分，常吃猪肉对于人体生长发育和维持健康都非常重要。

干锅黄牛肉

牛肉采用于深山散养的小脚黄牛，体格中等但善于登山爬坡，行动灵敏，肉质均衡，含有丰富的蛋白质，具有补气养血，强筋壮骨，适气短体虚，筋骨酸软者食用，营养丰富。

秘制猪手钵

猪手中含有大量的胶原蛋白，在烹调过程中可转化成明胶。明胶能结合许多水，增强细胞生理代谢，有效地改善机体生理功能和皮肤组织细胞的储水功能，使细胞得到滋润，保持湿润状态，防止皮肤过早褶皱，延缓皮肤的衰老过程。

索溪餐饮

张家界索溪餐饮管理有限公司是一家集餐饮、酒店、客栈、购物于一体的综合性旅游服务公司，公司成立于2016年07月，几年时间从当初的一间店迅速扩张到现在的十多家各类品牌门店。现有旗下品牌索溪山寨·湘西民间土菜、索溪山居、寨子里的钵钵菜、大队老渔村1973，灶灶小钵菜，索溪小酒馆等。

"索溪山寨"众多明星打卡的湘西民间土菜餐厅，是最具湘西饮食文化特色的知名餐饮品牌，也是张家界首批被评为《诚信餐饮企业》《张家界健康餐饮企业》《张家界市食品安全示范单位》的餐厅，荣获了《湖南省文明餐饮示范店》《张家界抗疫功勋单位》《城市名片优秀品牌》《中国张家界地方菜代表品牌》等诸多荣誉，更是CCTV央视《美食中国》栏目专访地方特色菜品牌，是湖南张家界湘西菜餐饮品牌的代表企业。

自2014年开业以来，累计接待来自全世界的顾客近400多万人，其中有中国著名节目主持人杨澜老师，著名歌手谭咏麟校长，央视体育主持人韩乔生老师，著名歌手及演员毛宁老师，湖南卫视著名主持人汪涵老师，还有村主任李锐、杨幂、许茹芸、郁可唯、曾毅、张凯丽、刘敏涛、李斯丹妮、赵今麦、张会军、梁天、

刘金山、刘惠、陈楚生、张晓谦、岳红、童伟、体育健将杨建平等众多明星的到来，还接待了来自"联合国教科文组织专家"兰迪·米勒博士（加拿大）、马尔科·科马克博士（斯洛文尼亚），深受全世界客人的喜爱与赞赏。

索溪品牌发源于世界自然文化遗产地张家界武陵源区，以提供美味的湘西美食和传播湘西民族饮食文化为宗旨，主打湘西菜特色菜，主要以湘西腊味系列、干菜系列、山货系列等三大系列为主，特点不仅是食材讲究原生态，更讲究原味本土的烹饪方法，保证食品味道的鲜美。

我们致力于打造"一次体验，两场盛宴"：餐前、餐中、餐后，线上、线下，让所有的顾客全方位感受湘西非物质文化的盛宴，尽情享受湘西本土特色美食的盛宴。

企业的未来发展战略，集团化发展战略，以餐饮为核心、生产加工为带动，向上下游关联产业扩张和发展，进一步强化和完善企业产业链体系，有效整合和利用资源，真正成为湘西地域文化的代表！

军锅别院的招牌菜

军锅待客肉

军锅别院点菜率最高的一款菜品，选用优质的五花肉、排骨合炒慢烧，出菜前配上炭烧的大红椒回锅，味道鲜香软糯，略带大红椒的甜味，色彩红亮。

秘制甲鱼火锅

选用露天池塘养殖的优质生态甲鱼，大厨用独有的调制辣酱来烹制，色香味俱全、成品大气。甲鱼具有提高免疫力、养颜护肤、祛压降脂、壮阳壮腰、滋阴补虚等价值。

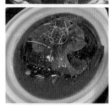

腊牛肉

在每年农历腊月，选用桑植大山放养的黄牛，经过土家特有的腌制方法，腌制一个星期，然后用山上的杂木柴熏制 20 天而成，用土灶生锅烧柴火炒制而成，味道绝佳、腊香味浓。

脆皮乳鸽

乳鸽采用多种中药材腌制 8 小时，用油慢炸皮脆肉嫩，配上一碟酸梅酱蘸食开胃爽口，摆在桌面上好看好吃上档次。乳鸽是具有多种功效的禽类食品，适宜各年龄层人群食用。

土鸡

来自大山里的农家放养的土鸡。为什么叫土鸡？土鸡就是我们大湘西农村老百姓从老辈传下来

的鸡种，土鸡特用的加工方法是用土灶生锅柴火慢炒久炖而成，肉质香嫩、味道鲜美，具有很高的营养价值，是妇女生完孩子后补身体必用的一道菜。

炸干土豆片

土豆片是土家人常贮存的一种干菜，家里平常来客人、播种插秧割谷大务小事常用的一道菜。

山珍枞菌火锅

枞菌也是我们大湘西的独有物种，特有的季节在大山里采摘。采摘枞菌很辛苦也很危险。枞菌配本地腊肉烧制，出锅前放点米辣子，味道鲜美，是喝酒下饭的神菜。

土灶烧娃娃鱼火锅

学名大鲵，别名娃娃鱼，我们大湘西气候凉爽，有优质的山泉水，很适合娃娃鱼的生长繁殖。娃娃鱼有增强抵抗力、美容养颜、辅助补脑发育，清心明目养胃功能。娃娃鱼可红烧可炖汤，味道鲜美。

土家腊肉

选用大山里农家喂养的猪肉，用盐抹匀腌制一个星期，然后用大山里的杂木柴熏制，腊肉脂肪透明，腊味浓郁，煮熟切块用干辣椒蒜苗简单炒制。

干莴笋

此菜体现了土家农村百姓的智慧，在莴笋成菜旺季时吃不完就加工切片晒干密封储存，当农村换季没有菜吃时可拿出来炒的吃，味道爽脆略苦回甜、开胃下饭。

军锅别院，城里的农家乐

军锅别院，大城之上的"农家小院"。它位于大栗坡郊野公园旁，距七十二奇楼约 1200 米，与市民中、市人民银行及城市主干道紫舞西路、天问路近在咫尺；它闹中取静、曲径通幽，水榭亭台、奇花异草，竹篱茅舍，其餐饮环境十分幽静，是一家颇有地方特色的餐饮与休闲相结合的餐饮企业。而来自桑植大山深处的农家自养的土鸡、土猪腊肉、腊牛肉、山间小竹笋、农家干萝卜皮、葛粉等原生态食材具有美味可口，营养健康。而炒菜煮饭烧茶均使用院内天然的纯净井水，尤其是鼎罐饭、铜壶煮茶，自制凉拌小菜、柴火炒菜以及农家老屋、老灶台、老食品柜等老物件让人身临其境，如归家一般。目前，军锅别院拥有一个大火炕屋可以同时容纳 60 人用餐，另有凉亭及特色包厢 12 个，可同时接待共 200 人。始于 2021 年开始营业的军锅别院以其诚实守信，热情服务赢得了广大消费者的好评。

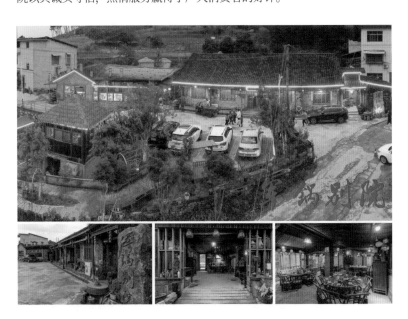

张家界京武铂尔曼酒店
一个在世界山水人文里的高端国际品牌酒店

张家界京武铂尔曼酒店，位于世界自然遗产、世界地质公园、国家森林公园、国家5A级风景区张家界武陵源核心地带。这里依山傍水，空气宜人，远望犹如一颗明珠璀璨夺目，走近如人间仙境、鸟语花香。酒店总体规划糅合了观光旅游、会务休闲的功能特性，突出了张家界山水人文与东南亚度假酒店建筑主题。

酒店由法国雅高酒店管理集团管理，是张家界地区第一家国际五星级酒店。雅高酒店集团是国际领先的旅游及时尚生活集团，为全球4300多家酒店、度假酒店和住宅以及10000余家优质私人住宅中的游客带来宾至如归的居住体验。

张家界京武铂尔曼酒店交通便利，距离张家界市区、飞机场、火车站50分钟车程，高铁站20分钟车程，到长沙全程高速，仅需3.5小时车程。酒店周边美景如云，乘车到张家界国家森林公园标志门入口、黄龙洞、宝峰湖仅需几分钟车程，驱车前往大峡谷玻璃桥30分钟即可到达。

酒店占地3.7万平方米，拥有456间客房及套房，房间内豪华浴缸、热带雨林式花洒、独立淋浴室、铂尔曼特色洗浴用品、平面液晶电视、国际电视频道、高速免费网络连接等配套设施一应俱全。

五星级旅游饭店授牌仪式

张家界京武铂尔曼酒店

　　酒店聚峰阁中餐厅可同时容纳 400 人就餐，另外还有 11 间包厢豪华包房，传统湘菜、特色土家菜、经典粤菜将为您带来非凡的饕餮享受；琇境西餐厅 24 小时营业，可同时容纳 80 人就餐，提供中西美食，异国风情美食经典，浪漫情怀，无法抗拒。特色池畔烧烤吧让您尽享星空下东南亚口味烧烤带来的味蕾冲击。

　　铂尔曼特设的会议设施，世界品牌影音会议系统、专业会议策划者和 IT 解决方案经理，600 平方米无柱豪华宴会厅，5 间 45~200 平方米会议室可满足各类商

云溪庄园

务会议和活动需求。会议室公共区域免费高速无线网络连接，会议休憩空间与创新会议间隙活动将会给您带来独特的会议体验。

　　酒店内还设有健身房、游泳池、棋牌室、台球、乒乓球等娱乐设施。

　　酒店全体员工期待您的光临。

武陵源中"思江南"

一位才女将她的一颗心丢在了武陵源，而把一个美丽的江南风韵也留在了索溪河畔。

"相去千万里，心随月色归。来生甘作石，嫁与索溪水。"早在二十世纪，江苏的女诗人苏叶动了诗心，她将自己的千般爱，万种情像是一颗种子撒在了武陵源。后来，来自深圳京武集团公司的湘商谢鹏程先生钟情于张家界山水，而坚定不移地投资打造出张家界首家五星级酒店"京武铂尔曼酒店"与"云溪山庄"高端民宿集群。不知是因为苏叶的诗，还是因为山水之灵气，让谢鹏程先生打造出了一片诗意的栖息地。

月色溶溶，溪水潺潺。远眺宝峰山、白虎堂、百丈峡，千峰叠翠，近则含索溪明珠；朝沐晨光，晚披彩霞；静如处子，动若蛟龙；烟雨缥缈似丹青，云海深处是故里。一座座气势恢宏的庄园，一个个富丽堂皇的琼楼玉阁，一处处庭园风光，疑似是来到了《红楼梦》中的大观园，这便是武陵源宝藏之地之"云溪山庄"。堪比锦绣江南。据了解，云溪山庄用地 6.7 万余平方米，容积率 0.8，188 席纯中式合院，按照江南建筑风格而体现了飞檐翘角、共窗、月洞门、白墙黛瓦、抱鼓石，深入细节的东方形式，营造出清雅的中式风韵。借鉴苏轼造园手法，配合流动水系，辅以山、水、石、亭、台、廊、树做点缀。

具有江南建筑特色的民宿

咫尺山林、厅堂随宜、亭台水榭、竹影摇曳、曲径通幽、隔绝尘世喧嚣。采用三进院落格局，尊崇归家仪制，一进院门，二进户门，三进宅门，层层递进，移步易景。每户拥有独立的南北院落，在院子里倚栏听雨，与三五好友月夜小饮，极

索溪秀色

尽风雅。生活在 165~390 平方米的墅居里，清雅飘然。7.2 米奢阔客厅、阔景主卧，观山瞰溪。如此，宜居宜游，不是江南而胜似江南！

　　游在仙境里，住在画意中。深圳京武集团公司致力于打造国际化、品牌化、规范化、亲情化的高端旅游度假酒店，助力于张家界市旅游高品质发展；早在 2008 年在张家界市创立首家五星级酒店（京武铂尔曼酒店），其良好的酒店服务设施、优良的服务品质，规范的国际化经营管理模式等具有里程碑式的旅游服务业品牌作用。它拥有各类客房总计 456 间。山景与池景全览，静与动互拥，中央泳池碧波尽收眼底。还有多个特色中西餐厅。聚峰阁中餐厅面积 680 平方米，可同时容纳 400 人用餐；设有 11 间豪华包厢，经营传统湘菜、特色土家菜、经典粤菜等特色菜品。琇境西餐厅 380 平方米，可同时容纳 100 人就餐；而大堂吧，可提供精选葡萄酒、咖啡、软饮及茶点小吃。870 平方米的豪华露天泳池，池畔烧烤吧，星空下尽享东南亚口味烧烤带来的听觉与味蕾的冲击。200 平方米健身室、健康水会、茶室、棋牌室、台球室、乒乓球室为客户提供多场景、多功能休闲娱乐空间，600 平方米无柱豪华大宴会厅、5 间 50~200 平方米会议室，满足各类商务活动与会议需求。

　　来了，就不想走了！置身于武陵源可以入住豪华气派的五星级酒店，又可住典雅舒适的云溪山庄高端民宿区。既能享受尊贵的优质服务，又能体会到颇具有江南风味的建筑艺术与个性色彩的亲情式服务，即民宿"家"的温馨与体贴。将高星级酒店与高端民宿集群完美的结合，互为渗透、优势互补、协调管理，营造一个大"家"，让广大游客住得舒服，而享受旅行生活的愉悦与幸福！我在武陵源等你！

东岳·鑫悦大酒店

　　东岳·鑫悦大酒店由张家界鑫业房地产有限公司投资兴建，其母公司山东东岳联邦置业有限公司系东岳集团旗下全资子公司，东岳集团目前拥有三家上市公司，是亚洲规模最大的氟、硅、膜、氢材料生产基地。东岳·鑫悦大酒店是按照国际涉外旅游准五星级标准打造的旅游商务型酒店，其位置位于永定大道鸬鹚湾大桥东，毗邻田家大院景点，与贺龙体育馆隔路相望，周边交通发达、业态齐全。

　　东岳·鑫悦大酒店秉承"用名人、做名菜、创名店、塑名牌"的经营战略，致力为宾客提供温暖您心、宾至如归的至臻感受。

东岳·鑫悦大酒店

　　东岳·鑫悦大酒店主楼高 28 层，总建筑面积 30000 平方米。酒店客房拥有豪华套房、亲子房、大床房、双人房等共计 259 间；酒店二楼为"鲁湘情"风味餐厅，设各类包厢 13 间，宴会厅可容纳近 300 人同时就餐，餐厅由多名中国鲁菜大师和中国湘菜大师联袂打造，代表了鲁湘烹饪技艺的最高水平；酒店三至五层是扬名汇经营管理的超大型足浴会所，可令您在旅途中消除疲惫，温柔如梦。

　　新外滩·江院位于东岳·鑫悦大酒店东北处，致力于打造城市未来理想人居；以空中立体花院为产品，打破水泥与绿色的桎梏，将大面积的绿色植被归于生活，全赠送 30 平方米 + 空中花院，一户一院一境界，尽享墅级庭院生活；7E 生活体系，臻享准现理想家。项目周围商业氛围浓厚，出门便可至沿街商铺享受美食，"网红"美食——淄博烧烤也藏在了沿街商铺中，不用远赴千里，亦可进淄赶烤！

远方的家：
借我一段柔软的时光

不显山不露水，不张扬与作秀；一个低调而奢华的高端民宿部落在张家界市永定区尹家溪镇瞿家峪不断完美呈现。有人说，"一日不见如隔三秋"，而这个远方的家是日新月异，它的出现甚至是让人有些目瞪口呆了！

远方的家并不远，它距市城区中心 12 千米，而与张花高速张家界西入口仅 5 千米，荷花机场 9 千米，张家界沙堤高铁站 8 千米，张家界核心景区武陵源 25 千米，还与天门山、茅岩河、杨家界等风景区相隔 30 分钟车程以内，其区位优势明显，交通十分便利。其所处地形地貌为山地丘陵，海拔 220~705 米；森林覆盖率 90% 以上，空气优良天数 300 天以上，空气负氧离子含量丰富，整个山庄山沟溪水长流，林木郁郁葱葱，四季鸟语花香，田园风光迷人，所在地属于典型的亚热带季风气候，年平均气温 16.8℃，适合康养休闲；日照充足，无霜期长，年降水量 1780 毫米，适宜水稻、蔬菜、水果等农作物生长；盛产黑皮甘蔗、蓝莓、黄桃等水果，岩蛙等水产，藏香猪等畜禽，野菜、野果等野生食材，绿色有机蔬菜、土家腊肉制品等。远方的家也是典型的少数民族聚居村寨，拥有土家龙灯、花灯、打溜子、阳戏、杂耍、刺绣、编制等多项非物质文化遗产，村民邹启仲为泼水龙灯、地狮子、土家拳等项

目的省级非物质文化传承人。山庄始终以"远方的家我的家"为定位，从家庭、家族、家园、家乡等层面来规划建设，进行"家文化"价值挖掘，吸引游客前来观光旅游、体验融入。

远方的家现已建成营业民宿40间，在建10间，整体建成总客房数达到50间。民宿整体为独栋客房别墅，每个客房均有阳台，每栋民宿均拥有独立庭院。民宿内设施设备完善，设有公共卫生间、餐厅、厨房，并配备自助洗衣房。民宿内WiFi全覆盖，网速流畅，监控无死角，各项服务均提供线上扫描支付。同步提供周边旅游资源介绍和车辆接送服务。民宿内采用中式实木家具，高端装修品牌，各种家具设备齐全，整体摆放合理，古朴典雅，舒适美观。"远方的家"民宿内设有临溪大床房、船屋两居室整栋、云瀑大床房、云瀑景观房、独栋玻璃木屋、喜庐观景套房、独栋喜庐四居室、独栋家庭套房、柿子园、阅居一号院等多间各具特色客房，为宾客提供卓越的舒适体验和归属感。山庄内目前在建800平方米露天恒温游泳池，一年四季皆可使用。

袅袅炊烟，牧笛悠扬。一草一木皆入画，一山一石有故事。我一直认为，民宿是家的概念，而民宿主则是灵魂式的人物。真诚、厚道、纯朴的老瞿是土生土长瞿家峪人，他深爱着自己的家乡，并立志建设好家乡，造福一方。于是，从2011年开始做农家乐式的餐饮至2018年之间，生意十分红火，最旺的时候一天接待食客达千余人，营业收入也有七八万元不等。经过

2023 年春，"动力"品牌联盟活动在远方的家开展交流活动

了原始的资本积累后，老瞿又逐步过渡到打造餐饮与民宿、民俗风情、种植养殖、度假休闲等田园综合体。而对于打造高端民宿业态，老瞿可谓是真心实意、真材实料，匠心独运。他坚持以当地土家族建筑风格为主体，从重庆、贵州等武陵山区征集木料，特别是从大山深处东寻西访购买百年老房子、老木头，以杂木为主，甚至不辞劳苦，不计代价，从外地购买建筑木料及运费等成本开支超过当地木料的三倍以上。还有，老瞿为了建造一堵高约 7 米，长约 25 米靠山石墙，他请了七八位石匠花了五年时间，仅运送石料的手扶拖拉机跑了一万余次，花费资金达百万余元。历百年沧桑，每一块石头一块木板都是有温度的。老瞿说，耐看、舒适，让广大游客真正融入"家"，才是最大的心愿！

不一样的格局，不一样的人间烟火。有一位知名大学的教授在远方的家入驻一段时间后认为，这样的民宿让人有回归之感，有美食，又有美宿，还有民俗风情与休闲体验等爽心又健身。据官方消息称，国家有关部门正式公布了远方的家为国家甲级民宿，而湖南入围仅三家，张家界为独此一家。你来到远方的家就是主人，可以随心所欲享受美好时光！老瞿的话不多，他说一句算一句；让人觉得远方的家靠谱！

禾田居，
流淌在心中的静美时光

你很辛苦，很累了，那么坐下来歇一会儿，喝一杯不凉不烫的清茶，读一点我的作品。

——汪曾祺（作家）

一个阳光明媚的日子，我在禾田居"耕读书院"与人一起品茶、论茶，谈读书；有茶商、酒店经理人；从云南出产的红茶、白茶，也说到了张家界的莓茶。茶商重在茶的性能、做法与功效，而酒店经理人则从茶文化与企业文化如何融合上作些探讨。我却认为"功夫在诗外"，雅致的书吧里离不开茶，可书香味才是主题。以七分书，三分茶论，可以涵养人的性情，也能吸引茶的韵味。当然，不能脱离物质生活而空谈精神享受，但也不能过于利欲熏心而沾满了铜臭味。我还认为，禾田居的创始人莫先生具有励志意义，他与众多的农家子弟一样靠勤奋苦学走出大山，又因为知识改变命运并在商场打拼

获得成功再反哺乡村，造福一方，是家国情怀的体现。三五好友，聊得投机，不知不觉中，三个多小时从指缝中溜走了。也许，这就是人们所需要的慢节奏生活。

一个高端度假酒店拥有独立的书院，它不仅仅是旅游产品的配套设施，更是企业与企业主的精神追求，是这家酒店的灵魂所在！现在，我有必要对禾田居的基本情况作一些了解并向我亲爱的游客朋友作出介绍：

张家界禾田居度假酒店，地处风景秀丽的张家界三官寺张地坪境内。该酒店总占地面积37万平方米，一期建筑面积4.7万平方米，客房总数

246 间，整体设计以中国传统文化的"五行"即金、木、水、火、土为设计特色建筑风格。所拥有园林式空中餐厅、亲水庭院西餐厅；酒店有大小会议室及宴会场地共 1000 余平方米，可同时容纳 500 人举行会议。室外有网球场、恒温及露天游泳池等服务设施。该酒店始建于 2007 年，2013 年 9 月投入运营。它距张家界市区仅 45 分钟车程，武陵源核心景区仅 10 千米，15 分钟可抵达，而与大峡谷景区、江垭温泉度假村相邻，约 30 分钟车程，其地理位置十分优越。禾田居二期为度假别墅区为 36 席三居、四居室，可以满足家庭亲情式旅行居住。此外，禾田居山谷户外休闲与农耕文化体验区，九歌山鬼夜游景区等丰富多彩的旅游新业态构成禾田居文化旅游综合体。

"关关雎鸠，在河之洲；窈窕淑女，君子好逑。"置身于禾田居，便进入了诗情画意之中。那一条美丽的索溪河宛如活泼可爱的少女，它清秀、纯朴，一朵朵浪花儿像是姑娘的发梢，若是烟雨蒙蒙，它便与禾田居缠绕在一起若隐若现，有些羞涩与娇媚。推窗望去见白鹭起舞，闻草木清香；朝看日出，暮见彩霞；小住三五日，长则月余，有吃有住有乐，有中国传统文化与现代都市文明结合，洋为中用，古为今用；禾田居，是诗意的栖息地。

文化旅游深度融合发展，禾田居是一个成功的典范。

据了解，2023 年 7 月上旬以来，该度假酒店每天入住达 400 余人，客房使用率占 80% 以上。优质的产品结构，优美的空间环境，优良的服务管理不断为广大游客所欢迎。应该说，品质旅游的到来，才是旅游本质的体现。◆

栖漫·悦林谷
——等你归来

背井离乡、四处漂泊十余年，工作日程997，为了表现喝到酩酊大醉、为了业绩与人强颜欢笑，身心渐感疲惫、灵魂无处安放。归去来兮，田园将芜，胡不归？一种声音在响起，心中的田园在召唤，我要归去。

为了寻找理想中的生活，我义无反顾逃离城市的喧嚣，摒弃世俗的名利，从一家全球知名企业离职返回故乡，并与开民宿结下不解之缘。走自己想走的路，即使这条路上充满艰难险阻，我也内心笃定、充满喜悦。

武陵源很美，不同的天气，各有情致。

雨天去，峰林矗立在云雾缭绕的烟雨中，宛若一幅幅中国传统水墨画，忍不住直呼一句"人间仙境"。雨后去，奇山异石一碧如洗，壮美如画。晴天去，云海气势如虹，风吹着云雾不断流淌，宛若世外桃源。

这种原始野性的美一直吸引着中外游客前去体验观光，就连"阿凡达"也去打卡。于是，我在百丈峡对面的半山上，觅得一处高地，建了一家民宿，漫行天下，择此而栖，栖漫由此而生。

张家界以独特的砂岩地貌风光享誉世界，层峦叠翠、上出重霄，飞阁翔丹、下临无地，潦水尽而寒潭清、烟光凝而暮山紫，时节轮转、一年四季的更替，张家界的美却未曾改变，只是以不同的方式向你呈现。踏遍青山，斯人未老，我很庆幸在我尚未老去的年龄，与这方水土长相厮守。

无敌视野，是栖漫·悦林谷最大的亮点，所有客房均可 180 度观景，独特的石英砂岩风光尽收眼底。云来山如画、云去山更佳，山因云晦明、云共山高下。一个人静坐在窗前静坐窗前，看云无心而出岫，待鸟倦飞而知还；或独自凭栏，携林上之清风，抱山间之明月。耳得之而为声，目遇之而成色，心旷神怡，宠辱皆忘，唯感造物主之伟大也！

在悦林谷，你不用焦虑要不要早起？更不用闹钟叫醒你疲惫的身躯！在这里，生活的压力、工作的艰辛、未来的彷徨你都可以放下；在这里，红尘俗世里的一切，都将被大自然洗涤抮平。

你只需归来，把对生命的挚爱尽情释放，享受眼前一切的美好。清晨，阳光温暖和煦，照进你的房间，微风吹响了树叶，露珠滚落、阳光飞溅；夜晚，月出于东山之上、徘徊于斗牛之间，你拉开窗帘，泡在浴缸，铅华洗净，看满天繁星闪烁，犹如回到孩提时代。

这一切都在等你，等你归来！

精品民宿旅游
推荐线路

一、武陵源中湖乡村野趣游

代表民宿：五号山谷、涧外、回家的孩子、悦庐、云上人家、璞逸居……

线路 1 第一天：前往武陵源中湖乡，住民宿。

第二天：体验农耕文化，住民宿。

第三天：游览森林公园，返程。

线路 2 第一天：前往武陵源中湖乡，住民宿。

第二天：漫步清风峡，住民宿。

第三天：游览杨家界景区，返程。

二、武陵源天子山奇山探秘游

代表民宿：末迟·宿云涧、湘西故事、香木情缘……

线路 3 第一天：前往武陵源天子山镇，住民宿。

第二天：慢游天子山，徒步空中田园。

第三天：游览袁家界景区，返程。

三、武陵源协合乡森林花海游

代表民宿：栖漫·悦林谷、梓山漫居、璞舍、水木潇湘、水涌金江、大庸秘境……

线路 4 第一天：前往武陵源协合乡，入住民宿。

第二天：赏花，体验乡村生活，住民宿。

第三天：游览森林公园，返程。

四、武陵源森林公园森林氧吧游

代表民宿：镜立方山居、阅山居、富溪 21、八戒青年旅舍……

线路 5 第一天：前往武陵源森林公园，入住民宿。

第二天：漫步金鞭溪，与大自然亲密接触，住民宿。

第三天：游览黄石寨，返程。

五、永定区土家民俗风情游

代表民宿：远方的家、栖漫·天门山居、天门隐庐、楚家台叁拾壹号、崇山秘境·云海里、蝶恋花、石堰坪民宿……

线路 6　第一天：入住民宿。

　　　　第二天：前往石堰坪村，探索苏木绰土家族民俗文化，寻觅土家文化之根，入住民宿。

　　　　第三天：游玩马头溪，体验土家美食，入住民宿。

　　　　第四天：游览天门山，返程。

线路 7　第一天：入住民宿。

　　　　第二天：前往驻马溪、槟榔谷、远方的家，体验乡野农家文化，住民宿。

　　　　第三天：游览土司城、田家大院、国聪博物馆，体验土家族文化，返程。

六、桑植红色文化民俗风情游

代表民宿：印象桑植……

线路 8　第一天：前往桑植县梭子丘，入住民宿。

　　　　第二天：体验白族文化，桑植民歌。

　　　　第三天：游览九天洞、茅岩河景区，返程。

线路 9　第一天：前往桑植县刘家坪乡，入住民宿。

　　　　第二天：前往红二方面军长征出发地，体验红色文化，入住民宿。

　　　　第三天：参观贺龙故居，返程。

七、慈利度假户外休闲游

代表民宿：百年华真、古韵溪、八度里客栈、禾田山谷、谷桥西客栈、三官寺客栈、农宅农家乐合作社……

线路 10　第一天：前往慈利阳和乡，入住民宿。

　　　　第二天：体验红岩岭户外运动，入住民宿。

　　　　第三天：罗潭坪村体验农家生活，入住民宿。

　　　　第四天：游览大峡谷景区，返程。

线路 11　第一天：前往慈利三官寺乡，入住民宿。

　　　　第二天：泡温泉，休闲度假，品尝九溪卫美食，入住民宿。

　　　　第三天：游览大峡谷景区，返程。

张家界精品民宿名录

1	远方的家	17774458899
2	五号山谷	18974489262
3	梓山漫居	17621489319
4	栖漫·悦林谷	19118643113
5	栖漫·天门山居	15111147756
6	回家的孩子	19314448899
7	涧外栖境度假村	0744-5957688
8	湘西故事	13762176872
9	镜立方山居	15307441111
10	璞逸居	18974412388
11	崇山秘境·云海里	19207445630
12	富溪21	13974410018
13	阅山居	18807446018
14	璞舍	15344441941
15	大庸秘境	17308443539
16	水木潇湘	15367661199
17	水涌金江	17374478095
18	木子堂	18974445777
19	溪布街客栈	15377446111
20	洛夫特	18707447000
21	云栖山房·歇心	15274405637
22	美季·观山悦	18178857875
23	百年华真	15874497777
24	石堰坪民宿	13787445795
25	古韵溪	13307445366
26	蝶恋花（市区店）	18607443386
27	湘西之恋	15674436888
28	天门隐庐	19974405678
29	楚家台叁拾壹号	18574405571
30	往驿	15807449999
31	伴田居	15674405999
32	集结号	18874485333
33	柏惠生活客栈	13974498882
34	惹莲·心栖墅	18474488288
35	壹城一家	13787448677
36	龍舍	13637444063
37	驻马溪山庄	15348441236
38	悦舍精品客栈	18674423803
39	四大名筑	13762181525
40	加州时光咖啡旅馆	13974424539
41	借宿	13469192888
42	初心寒舍	18711279199
43	花房子	15348441535
44	下一站	18974487879
45	间隔时光	18974487879
46	川宁人文客栈	13974435598
47	初行者居	19807441233
48	天门夜雨	13387440060
49	小屋顶	18584582015
50	界宿	18874432333

梓山漫居

51	界外	15622910578
52	陌舍	15622910578
53	山隐	18711279199
54	八戒青年旅舍（火车站店）	13574466126
55	七彩湘西	13975114555
56	遇见	15874493788
57	君阅漫居	18807445557
58	牛管家现代	18674423803
59	书香驿站	17374403108
60	新外滩花苑	13907445039
61	原舍	13117447888
62	稻边	18174475777
63	汉宿（异域风情）	13787972088
64	汉宿（山盟海誓）	18674426840
65	一树一花客栈（眷恋店）	16607446888
66	一树一花客栈（人文客栈）	16607446888
67	一树一花客栈（天门山店）	16607446888
68	一树一花客栈（主题店）	16607446888
69	米特艺术客栈	13787940216
70	目的地人文	18874493988
71	二丫头（时尚店）	13036751111
72	山外山客栈	15274459413
73	过客驿栈	13574447529
74	MISS 客栈	19974458888
75	北岸轻奢	13297445554
76	静水花洞	13036765599
77	入家小憩	15674402299
78	巴人居	18907447600
79	壹年四季	15874480003
80	冒骚	17774486435
81	一个艺术客舍（一号店）	18607446277
82	一个艺术客舍（二号店）	18607446277
83	一个艺术客舍（天门山店）	18607446277
84	转角一号	15377446111
85	独家记忆	15377446111
86	南方以南	15674474300
87	界上仙	15367669888
88	半坡里	17374448886
89	嘉呈客栈	17774418127
90	云栖禅意	15274405637
91	悦庐	18074466788
92	云上的家 空中竹园	18570447449
93	香木情缘	17752659518
94	八度里客栈	18074427299
95	谷桥西客栈	13574489272
96	三官寺客栈	15576895999
97	印象桑植	13907446788
98	八戒（森林公园店）	13574466126

五号山谷

回家的孩子

旅途加油站 袁家寨

张家界是山的海洋，每一处风景都需要游人飞洒汗水。

袁家界是张家界核心景区的核心地，迷魂台、悬浮山、天下第一桥等绝世美景，都绕不开徒步，更消耗游客体能。

累，成了张家界旅游的美中不足。

位于悬浮山前的袁家寨，着力"老寨、老茶、老手艺"，打造旅途休闲驿站，根除游客疲劳，完满舒适旅程，解决烈日、暴雨、冰雪、雾漫带来的旅途不便，被誉为张家界旅途加油站。

一、老寨，见证土家传奇

山寨始于880年前后，至今1000多年。山寨地处悬崖之上，因与世隔绝，较为完好地留存着土家文化：转角连廊马头墙，彰显着土家建筑特色；牛角号、茅古斯演绎着巫傩文化特质；踏火祈福、哭嫁迎亲诉说着土家族的浪漫与坚韧。

二、老茶，疗愈生命之殇

山寨人好茶，一有闲暇，都会泡一碗老茶以逸待劳，互增温情。

为满足游客多重体验，山寨的榨油坊、铁匠铺、纺纱间、新娘房都成了待客的茶坊。当阳光透过屋檐，散落在苍老的茶桌上，莓茶、白茶、杜仲茶、黑茶以及油茶、炒米茶像极了待嫁的新娘，吐出惬意飘香。此刻，所有的烦恼和疲劳早已烟消云散，全血复活。

三、老手，传承千年非遗

一直以来，石雕和银锻造是山寨人的拿手好戏，山寨人用双手制作银器和石头物件，最终成了土司贡品，经年累月，演变成了土家人养生、长寿的秘诀。

牛王宴，又称六旺宴，是山寨里最具代表的美食。山寨人宰杀黄牛，制成佳肴，祭祀逝去的祖先，祈求"人旺、财旺、家旺、体旺、德旺、运旺"。届时：整只牛头连皮煮，牛肉牛杂猛火烧，红泡辣椒、酸肉豆腐、蒿子魔芋、菌子时蔬当配菜，熬成土家十大碗，挑逗舌尖上的味觉。

除牛王宴外，还有满街小吃、古法酿酒。采药郎中、纺纱姑娘的一双双手都布满老茧，分布在山寨的各个角落。当这些手聚在一起时，隐约映出一行字：民族瑰宝。

走进千年老寨，沏一壶老茶，洗去旅途疲惫，留下难忘记忆，这是袁家寨景区的初心，也是张家界人的初心。

情动**桑植**，唱响**民歌寨**

　　桑植民歌寨位于桑植县空壳树乡，毗邻天子山，背靠原始森林八大公山，坐拥得天独厚的自然环境资源；所属的陈家坪村更是红色的热土，贺龙单枪匹马会陈黑的故事，当地百姓耳熟能详；国家级非物质文化遗产"桑植民歌"更是在这里传唱，唱出了无数大山儿女对美好生活的向往。"讲红色故事、唱桑植民歌、品桑植白茶"，民歌寨将民族与民俗融合，歌声与茶声相贺，乡村与乡情共发展，绽放出魅力乡村新风尚。

　　桑植民歌寨景区占地 100 万余平方米，距桑植县城 15 分钟车程、武陵源天子山核心景区 30 分钟车程、张家界市区 90 分钟车程，交通便捷。

　　景区现已建成的单体项目有全园环形彩虹游道、人行吊桥、对歌亭、3000 平方米生态停车场、多功能服务中心、稻田民宿、百年党史宣传教育长廊、

民歌寨之夜

农耕文化体验馆、民歌传习所、农夫集市、民歌大舞台、生态农业观光园、稻香花海景观、户外拓展场地、儿童游乐园，稻香餐厅、露营基地等。可同时容纳 200 人住宿会务，800 人用餐，4000 人户外集会。开园以来，顺利承接了 1800 多场团队活动，接待游客量超 60 万人次，形成良好的市场口碑。先后被授牌湖南省乡村旅游重点示范区、湖南省五星级乡村旅游区、湖南省劳动实践教育基地、湖南省研学旅游基地、桑植县非遗传承基地等。

【吃在民歌寨】桑植一桌菜、长龙宴。

【住在民歌寨】乡村稻田民宿，夜观星斗，听取蛙声一片，重温儿时的乡村夜晚。

【游在民歌寨】四季花海景观、对歌亭、拦门酒、篝火晚会、百年党史宣传教育长廊、农耕博物馆、民歌传习所、农夫集市、露营基地、生态农业观光园、研学游乐拓展（高空自行车、丛林穿越、CS 真人野战、少年儿童滑道）、瓜果采摘等。

花海

人行吊桥

户外游乐设施

农耕文化长廊

空壳树

露营基地

定期举办桑植民歌节

【购在民歌寨】特色有机农产品：瓜果蔬菜、菜油、稻米、红薯粉等。

【娱在民歌寨】四大节庆点亮民歌寨：

民歌寨之春——油菜花春会，千车万人自驾观花海，体验乡村休闲游；

民歌寨之夏——梦幻乡村夜，桑植县第一个乡村旅游灯光秀，打开乡村夜生活。

民歌寨之秋——秋收记忆月，将每年 9 月 23 日农民丰收节与旅游融合，赶场子、摸鱼、捉鸭、收谷子、厨艺大比拼，亲身感受丰收的喜悦。

民歌寨之冬——年货载田园，赶场子、打粑粑、推豆腐、炸曲渣，置年货，乡里乡亲年味浓浓。

还有定期举办的桑植民歌节、农耕文化节、传统庙会等活动。

【学在民歌寨】以农耕文明为核心延展，文化、劳动、非遗、创作、运动五位一体；以劳动教育为核心延展，融入古代三十六行，让同学们系统了解农耕劳动的多个方面，以及对工匠精神的初步认知；传承民族文化，将非物质文化遗产贯穿始终。

天门郡莓茶

"我是大山里长大的孩子，最终的根在大山。大山不是贫困的代名词。相反，在这个时代，尤其在张家界，它应是财富和资源的象征。绿水青山就是金山银山。大山里到处都是宝，就连新鲜的空气也是宝，作为大山的儿子，不论走多远，都会听到大山的呼唤，呼唤着自己去尽一份自己的责任。"

——湖南乾坤生物科技有限公司、天门郡品牌创始人　刘超

前世

张家界—大庸—后三国时期，吴景帝永安六年（263 年）郡县治"天门郡"，当地武陵蛮人（现土家族）部落首领上贡"龙须茶"，称此茶外用可以消肿止痛，内服可以提神养气，被誉为土家贡茶。吴景帝饮后，顿感神清气爽，称其"神茶"。

此茶每年产量不多，且产地崎岖难走。因此，土司王下令，此茶，只能本土买卖，不得外传，若发现私卖者，杀无赦！而此茶也成为土司王的专供，当地百姓家贮存不多。偶尔外乡人经过，想买茶也购不到。所以秘而不出，汉人称之为"土家秘茶"。

今生

莓茶，又称土家神茶、药学名称为"显齿蛇葡萄"，独立于六大茶系，是一种多年生藤本植物，可药、食两用，被称为"黄酮之王"。经检测黄酮含量最高可达 48%，黄酮具有清咽护嗓，保肝护肝，降四高的神奇功效，如果碰到喉咙不适，经常饮酒，免疫力低下，上火失眠等亚健康状态都可以适当饮用，在《救荒本草》《全国中草药汇编》等药典中均有记载，莓茶色白如霜，长期饮用具有显著的养生保健作用。2012 年国家统计局产品分类归类为茶制品，人类的"保健茶"，代码：1521020200。

【小知识】

张家界莓茶

　　张家界莓茶始于元末明初的张家界永定区的茅岗土司禁地，是张家界土家族、苗族常用药之一，至今已有 600 多年的历史。在《永定乡土志》史册中有明确记载，当地群众都把此茶认为是神灵对土家人的恩赐，将其尊称为"土家神茶"。张家界莓茶是武陵山脉中、以张家界茅岩河流域为核心区域生长的"小叶种显齿蛇葡萄"植物，也称为"小叶种藤茶"。该植物含有活性黄酮及 17 种人体所需的氨基酸和钙、铁、锌、硒等 14 种的微量元素。幼嫩茎叶中总黄酮平均含量超过了 24%，其中芽尖总黄酮含量最高达 43.78%，是目前所有被发现的植物中黄酮含量最高的植物。

　　在莓茶的加工过程中，经杀青、揉捻、翻晾，其植物叶茎细胞破碎，所含的黄酮活性成分渗透至表面形成一层"白霜"。作为饮料，莓茶汤色澄清，口感回甘；同时又具有多种保健功能，对清咽利嗓、消炎抑菌更有明显功效，是食药两用的茶中珍品。

桑植娄澧白茶

2015 年，"桑植白茶"荣获第十一届"中华杯"全国名优茶评比一等奖；
第七届湖南茶博会"茶祖神龙杯"名优茶评比金奖；

2016 年，获第八届湖南茶博会"茶祖神龙杯"名优茶评比金奖；

2017 年，获第九届湖南茶博会名优茶评比金奖和"湖南十强生态产茶县"称号

2018 年，获"袁隆平特别奖"，并成为湖南省委省政府主推的"三湘四水五彩茶"区域公共品牌之一。

2019 年，获得"国家地理标志证明商标"认证。

　　桑植地处神秘的"富硒带、微生物发酵带、亚麻酸带"，有着极为优良的生态环境，有"华中动植物基因库""中国绿心"之称。桑植气候宜人，日照丰富，水量充沛，平均海拔 800 米，森林覆盖率达 72.6%，每立方厘米负氧离子含量高达 10 万个。这里土壤肥沃，板页岩母质，紫色土，矿物养分含量丰富，有机质含量高达 6.63%。处于我国茶业黄金纬度带（北纬 30 度）附近，属于武陵山脉优质茶叶产区带，雨水充沛，云雾缭绕，生态环境优良，气候适宜，年平均降水量大，极适宜茶树生长。拥有中国首批国家森林公园、湖南省首个国家级自然保护区——八大公山原始森林，一年 280 多天云雾缭绕，年平均降水量 1415 毫米，无霜期为 220 天至 275 天的中亚内陆季风气候，优越的自然环境孕育了滋味浓醇、回味悠长的桑植白茶。

　　桑植白茶园大多分布在 500~1200 米的高海拔山区，森林覆盖率高，茶中有林，林中有茶，茶林相间，生态环境可谓是得天独厚。

采茶

【小知识】

桑植白茶

1. 文化特色。对于白茶，桑植人心中自有他们的定义，为什么说"品桑植白茶，赏风花雪月"桑植县白族是由云南大理迁徙而来，白族姑娘头上戴的头饰上有着"风花雪月"的含义。在白族少女的头饰上，垂下的穗子代表下关的风；艳丽的花饰是上关的花，帽顶的洁白是苍山雪，弯弯的造型是洱海月。

桑植白茶按原料等级进行划分，分为"风、花、雪、月"四个系列。风系列原料为一芽三叶，花系列原料为一芽二叶，雪系列原料为一芽一叶，月系列原料为芽头。同时，鲜叶原料的采摘也是十分讲究。露水未干不采、雨天不采、细瘦芽头不采、人为损伤不采、虫伤芽头不采……经过精选后的高品质原料铸就了桑植白茶独特的品味。

2. 工艺特色。桑植白茶的加工工艺，继承传统白茶萎凋与烘焙工序，不经过杀青、揉捻工序，进行了六大茶类的工艺融合与创新，融入"晒青、晾青、摇青、提香、压制"工艺，创新优化"养叶、走水、增香"工艺参数，独具特色的桑植白茶加工工艺，形成产品汤黄亮、味醇甜、孕花香、回味长、便携带、耐储藏、有药效、可增值的特点。优质的原料、精湛的工艺铸就了"新工艺、老茶味"的独特风味：毫香显现，汤味鲜爽，回味悠长。

张家界市博物馆

张家界市博物馆位于张家界市永定城区，占地面积 46.36 亩，建筑总面积 15395 平方米，是一座由地质馆、历史馆和城建规划馆组成的综合性博物馆。该馆于 2016 年 9 月正式对国内外观众免费开放，为国家二级博物馆，现有馆藏珍贵文物 617 件 / 套，其中一级 22 件 / 套，二级 73 件 / 套，三级 522 件 / 套。

部分国家一级珍贵文物

战国船、鱼、鸟、手心、人首纹虎钮铜錞于

1981 年 10 月 11 日，张家界市永定区教子垭镇兴隆乡熊家岗村青天界组村民在刘姓祖坟里挖掘出了两个陶坛和一个錞于。该錞于质地青铜，通高 54 厘米，口径 28.5 厘米，底径 22 厘米，重 14 公斤，浇铸而成。其颜色浅绿，器作椭圆柱形，顶饰虎形钮，虎张口、昂首、颈部有项圈，尾部上卷，作扑伏形，四足饰云雷纹，虎钮身和四肢饰柿蒂纹代表兽皮。顶平，饰有人面纹、鱼纹、鸟纹、手心纹和人物船纹，顶面周边有较宽的唇边，肩扁圆，斜弧腹渐内收，体腔比例甚高，下口较直，腹内空。此器身整个纹饰线条流畅、精美，体现出了对美的追求，同时表达了人与自然的和谐关系，是一种对现实生活的真实描绘。錞于是《周礼》地官司徒中鼓人所掌辖的"六鼓四金"之器。"四金"为錞于、镯、铙、铎，都是用于号令军士行动之器。錞于用绳系钮，悬挂于架上，以击打的方式使其发出声响，马王堆汉墓竹简中就有"击屯（錞）于"的记载，所发声音"清响良久"，"声震如雷"。

战国宽格扁茎铜剑（前 475—前 221 年）

格宽 2.7 厘米、剑长 32 厘米，市城区三角坪菜籽湾的一座竖穴土坑墓（编号 3° M12）发掘出土，战国时期张家界地区在属楚地，这把剑的出现却完全有别于楚式剑和巴蜀式剑，剑为扁茎，剑身与茎合铸，中有凸脊，茎靠近剑首凸脊部有一圆孔。宽格，呈梯形有肩，可活动，作箍状套在剑身上。格一面为凸出对称▶◀纹，一面为「 」纹。格肩两面饰两排平行中脊处相背的横人字纹。此独特的风格及纹饰特征，考古专家何介钧先生认为"……有可能是居留在这一地区的濮人所创造。"

"廿七年蜀守"铜戈

1986 年，湖南省张家界市三角坪 M68 号战国墓出土一件战国戈。该戈中长胡，阑上三穿；援稍上扬，援中起脊；内端倾斜，三面开刃，内上有一狭长三角穿，系典型秦戈。戈内两面刻有"廿七年，蜀守若，西工师乘……"等铭文，推测该戈为秦昭襄王二十七年（前 280 年）蜀郡守张若督造，后因秦国伐楚遗留在楚黔中郡，即今张家界境内。

战国虎形"王"字铜印

铜印长宽均为 1.5 厘米，通高 0.9 厘米，整体呈正方形，桥形钮。正面铸刻虎形图像，虎昂首，颈部硕长，身弯曲，虎尾向上蜷曲。虎头正上方有篆书"王"字，印面有"口"字界栏。张家界所在的武陵地区近年发现的从东周到秦汉时期的各类青铜器上，不管是兵器还是乐器，经常有虎的图像或纹饰，虎在当地或具有图腾或族徽的特殊意义。

西汉三管佩刀跽坐铜俑

青铜质地，通高 16.6 厘米，宽 9.6 厘米，重 1725 克。铜俑作跽坐状，发髻编织似帽，俑为椭圆脸，阔额，双耳肥大，右耳垂有一穿孔，双眼细长，平视，鼻高，直挺，嘴小，紧闭双唇，颈精短。铜俑的坐式，即双膝着地，臀部坐在小腿及脚跟上，古代称为跽，在汉代较为流行，被视为合乎礼制的坐法。双臂纤细，自然下垂，双手五指张开，置于膝上；双乳外凸，腰浑圆；胸前着带，带的一端绕右肩经背后至左肋腰部，一把短刀系于带上，置于左肋腰部，这种用带将刀斜挎于肩的佩刀方式，与中国古代中原地区迥异，极具少数民族特色。铜俑头顶及双肩上各有一空心柱，参考各地出土的人像形座，三根空心柱原应为支撑上部灯盏之类的支柱。铜俑与空心柱组成承受其他物体的底座。这种装饰方法，即用人体作为器物底座在我国有久远的历史。如湖北省出土了以人体作支柱的编钟架，河南、河北等地也都出过人形灯底座。此件铜俑展现了西汉后期张家界区域范围内的少数民族成熟的雕塑与冶铸技艺，为研究本土文化提供了实物见证。

东汉张氏作车马禽兽纹铜镜

1986 年张家界永定区环城西路墓地出土。直径 22.2 厘米、钮高 2 厘米。铜镜最内层一羊、两龙、两虎五兽纹饰，其中两龙、两虎对峙，外环绕一周凸起的宽平弦纹带，且内外两侧各有栉齿纹一周。中区为主题纹饰带，其上饰有乳钉纹，乳钉纹之间饰羽人弹琴、一人猎虎、五马驾车、骑马猎羊、骑马射鹰、犬追鹿兔等图像，其外环绕一圈铭文："张氏作镜大无伤，长保二亲乐未央，八子九孙居高堂、左龙右虎主四方，朱雀玄武仙人羊，为吏宜官至侯王，上有辟邪去不阳，从今世世昌。"铭文外带有辐射线纹一周。镜缘饰日、月及两个小铜镜将外区分为四组，即饰有兔、三足乌、勺、鼎、狮、带钩、鱼、龙、黄鼠狼、虎、九尾狐、朱雀等图像。

东汉绿釉南瓜形瓷珠

高 0.96 厘米，1986 年张家界永定区岩塔 DSHM11 出土。球形，中有一孔以穿绳，珠身有横向压痕和纵向压痕，以纵向的瓜棱形为主要特征。瓷珠形体小巧玲珑，制作精细，通体施绿釉，釉色绿中泛蓝。

西晋青釉印花虎子

通高 18 厘米，口径 5 厘米，底径 12.5 厘米。施青釉，器作圆形。平底，内凹。有兽嘴作口，平唇，颈圆折，颈部堆塑有眼、耳、鼻，双眼大，外凸，两耳直立，鼻粗壮。背有圆条半环形提梁，出土时断成三节，后经修复完整，其上饰变形几何纹代表兽皮。器体口部有两道弦纹，颈部印酱褐色小彩点组成的圆圈斑纹一圈。圆腹上有五道凹弦纹。圆腹中部的一道凹弦纹作为界栏，把器体腹部的纹饰分成上、下两组。界栏上部印变形几何纹一周，界栏下部印酱褐色小彩点组成的圆圈斑纹一周。虎子通身以青中闪黄的釉色覆罩，通身有冰裂纹。

宋代飞龙金饰

1985 年，张家界沙堤乡村民在自己自留地挖出一座合葬砖室墓。出土了四个多嘴陶罐及飞龙金饰一对，当时永定区文化局得知消息后派遣工作人员前往现场调查并征集相关文物。该展品宽 3.3 厘米，长 6.6 厘米。龙昂首，张口，双眼大而外凸，龙角上翘，前腿粗壮，前爪锋利如钩。龙身硕长，四次弯曲，腰部和尾部各饰一凤翅，尾部饰一夜明珠。龙须和凤翅饰线纹，前腿饰网纹，龙尾饰鱼尾纹。整个龙作腾跃形，形象异常富丽、栩栩如生。

张家界非物质文化遗产拾锦

好 听

张家界阳戏

张家界过去是湘鄂川黔古道枢纽。西汉以来移民屯军，多种文化在此并存交融。千百年来，澧水两岸的巫风楚声繁衍漫渺，蔚为大观。阳戏受此熏染孕育，至清中叶臻于成熟，风格独特、乡土气息浓郁，被专家誉为"三湘一绝、五溪奇葩"。最显著的艺术特点是唱腔风味独具一格，正调的唱法必须用真假嗓结合，唱词用真嗓，拖腔用假嗓翻高八

国家级非物质文化阳戏传承人朱丽珍老师授艺

度，这种唱法又称"金钱吊葫芦"。土家人皆喜爱，男女老少都能哼唱几句。现已成为全省、全国的稀有剧种，称之为中国戏曲的"独生子女"

张家界阳戏从民间歌舞发展成为戏曲剧种，经历"二小""三小"以及"多行当戏"阶段，其主腔有"老柳子戏"和"新柳子戏"（金钱吊葫芦）两种唱法。在历史发展过程中，阳戏受花灯戏、傩愿戏影响，形成北路阳戏和南路阳戏两个流派。

桑植民歌

桑植民歌历史悠久，节奏明快，旋律优美，具有鲜明的民族风格和山区特色。"看山唱山、看水唱水、看人盘歌"是桑植民歌的主要特点，打猎有猎歌，采茶有茶歌，出闺哭嫁歌，娱神祭祀歌，起屋上梁歌，下河打渔歌，歌曲素材取材于老百姓的生产和生活当中，取之不尽用之不竭，任何事物都能被用于"盘歌"的歌词当中。

桑植民歌分为小调、礼仪歌、傩腔等，涵盖了传统民歌的多种体裁。其曲式结构严谨，曲体多样。此外，桑植民歌特殊的润腔方法和气声演唱技巧，极大地丰富了民歌演唱理论，为声乐演唱提供了独特的范例。桑植民歌中的代表性曲目如《马桑树儿搭灯台》《门口挂盏灯》《四季花儿开》《冷水泡茶慢慢浓》《板栗开花一条线》等已成为中国民歌宝库中的经典。

好　　看

白族仗鼓舞

桑植白族仗鼓舞又叫"跳邦藏"，"仗鼓舞"是白族的代表性舞蹈，其产生大约在元朝初期。它粗犷、刚劲、原始、大方又夹杂手鼓套路，广泛用于游神、庙会、节日庆典、祭祀、庆贺丰收等民俗活动中，和"土家摆手舞""苗族猴儿鼓"并称为张家界三朵艺术奇葩。

仗鼓舞以"仗鼓"作道具，鼓长 1.2 米，两头大如碗口，用皮革绷面，中细可握，形如木杵。表演时三人一组，

仗鼓而入，鼎足而立，以多个小圈连成大圈，伴随笛子、唢呐、大号、锣鼓等音乐节奏，边敲边舞。常见的动作有"一二三""三二一""硬翻身""翻天仰""观音坐莲""文王劝贤""霸王撒鞭""二十四边环""四十花枪"等九九八十一个套路，其中夹武术招数，左冲右突，刚劲有力，显示出仗鼓舞强劲的威力。

土家族摆手舞

花树良 / 摄影

土家族摆手舞是土家族原始的祭祀舞蹈，土家语叫"舍巴"，意思是甩手或玩摆手。其历史悠久，清乾隆《永顺府志》记载："各寨有摆手堂，每岁正月初三至十七日止，夜间鸣锣击鼓，男女相聚，跳舞唱歌，名曰《摆手》，此俗犹存。"据清代八部大王庙残碑和县志记载推测，摆手舞已有近千年历史。

每逢庆贺新年、纪念祖先或团圆联欢，土家族人都要跳摆手舞。在土家人聚居的村寨，有专门跳摆手舞的"廊场"，土家人叫摆手堂。土家族摆手舞分为大摆手和小摆手，大摆手祭祀族群众始祖，规模浩大，舞者逾千，观者过万；小摆手主要祭祀本姓祖先，规模较小。摆手舞的动作特点是顺拐、屈膝、颤动、下沉，表现风格雄健有力、自由豪迈。土家族摆手舞已经深入到土家儿女的灵魂与血脉当中，可以说，只要土家人民呼吸尚存，就不会停歇那张扬的舞步。

地虎凳

地虎凳习俗是流传于张家界少数民族地区的独特民间文化表演形式，每逢重大节日，各村各寨都要开展斗酒、斗拳、斗凳活动。道具是一张长板凳，在其两端固定一个虎头和虎尾，俗称

"地虎凳"，表演时二人或三人、多人配合，握紧虎凳四只脚，模仿老虎的各种动作，翻腾起舞，气势磅礴，霸道凶狠，彰显出张家界人勇敢、团结、不畏艰难险阻的民族性格。大型表演时，可数十人持凳，踏歌而舞，队形整齐，动作优美粗犷，给观众产生强烈的视觉冲击效果，提升了民族的自豪感和认同感。作为习俗，它原始、神秘；作为武术，它地道、霸气；作为舞蹈，它飘逸、灵巧。它还继承了张家界传统民俗文化"守中抱一、和合通变"的内在思想，柔中带刚，但又不过分张扬武力。

美　食

大庸草帽面

　　草帽面是人气很高的张家界当地小吃，好吃又醇香地道，且有一些神奇的色彩，因为手工擀的面条形似制作草帽用的麦秆，面条的宽窄、厚薄与麦秆一模一样，故而取为"草帽面"。加上张家界大山中自养的猪草猪上的猪肉、猪油、猪面皮等食材，提前一天将食材煮熟，第二天做出的臊子才能香气扑鼻，口感爽滑。注意一定要趁热吃，而且速度要快，热面热胃肠，这样才能品尝出它的精髓之处。"面"讲究食材的高品质，"哨子"秘制，讲究色美味香，"汤"讲究温热调和。其独特的技法，包含了历史、文化、民俗、旅游等重要价值。

宝塔岗永久月饼

　　"永久""宝塔岗"两个食品品牌创始人为屈永久，屈永久自 20 世纪 50 年代就从事糕点技艺学习，后成为原大庸糕点厂的权威糕点大师。他所生产经营主要产品有月饼、发饼、麻花、

雪枣、面包等，尤以月饼和发饼见长，其月饼系苏式传统月饼类，原材料把关极为严格，始终不忘"绿色生态"之初心，加工过程凸显手工特色，产品外观呈现"金边银面虎斑底"之美态，入口则香甜脆沙，令人回味无穷。每逢中秋佳节来临之际，该厂常常是人山人海，挤得水泄不通，出现限量供应已经成为常态和本地的一道风景，经常有本地人笑着抱怨：买几斤月饼都要开后门！其发饼突出酥、软、香等特点，深受市民喜爱。目前，"大庸宝塔岗永久月饼制作技艺"已经被列为张家界市永定区非物质文化遗产。

土家族油粑粑

土家族油粑粑是土家族人民的一种"乡愁"，下到垂髫小儿上到耄耋老人，看到一锅新鲜出炉的油粑粑都会口水直流。土家族油粑粑，又名油脆儿，作为张家界地方特色饮食，有小吃和菜肴之分。小吃有油粑粑、糯米坨等10多种，菜肴有油炸拖面、油炸香丸等品种。土家族油粑粑制作工序有"泡""磨""填""炸"等四道，先用黏米和黄豆等食材磨成浆，再放上馅覆盖，油炸，其味香脆软。其内馅由葱花、豆腐、辣椒等材料拌以各种调料制作而成，风味独特，让人回味无穷。

土家族油粑粑广泛用于红白喜事、祭祀、赶场等生产生活中，具有制作快、技法简单易学、从业者众多等特点，广泛在张家界市及周边地区流传，深受游客和市民喜爱。

好物

土家刺绣

土家刺绣广泛流传于张家界市永定区、桑植县、慈利县、武陵源区各乡镇，与土家织锦、土家挑花并称"土家族妇女的三大手工绝技"。张家界得天独厚的山水、多姿多彩的风土人情为土家刺绣提供了丰富的色彩灵感和构图来源，同时刺绣的图案花纹随着绣娘的想法和心情各不相同，也是为土家刺绣独具魅力的风格之一。

土家刺绣包含挑、挂、绣、梭、卡、孔、套、填、压、贴、印、染、堆等很多种针法，称为"九针十八挑"，以布为纸、以针为笔，在各色各类绸缎上绣制出张家界秀丽风光、花鸟丛林、民族风情等绘画、篆刻、书法、刺绣相结合的图样。按针法，土家刺绣分为单面绣、双面绣。按色彩，土家刺绣分为彩绣和素绣，素绣即以白底黑线或黑底白线的单一颜色绣制出的图案，风格素洁、朴实、高雅；彩绣是在纯色的织物上用对比度较高的多色线进行刺绣，常以黑红为主色，配以黄色、橘色等暖色线，以五色丝线绣出各种花卉、人物、山水图案。

土家织锦

土家织锦民间俗称"打花""土花铺盖"，土家语称"西兰卡普"。它经历了从土著先民的原始编织物到賨布、兰干细布、斑布、溪峒布到现在的土家织锦这一历史演变过程，是土家族社会生产力发展的真实写照。土家织锦以丝、棉、麻为原料，以红、蓝、黑作为织锦经线的棉线颜色，纬线则由织者自己决定，各种颜色均可。在古老的木质腰式机上，眼看手背，手织正面，采用"通、经、断纬"的方法挑织而成。土家织锦的传统图纹样约有 150 种。纹样涉及动物、植物、生活生产用具、天象地属、文字、几何勾纹及其他综合类等，代表性纹样有"四十八勾""台台花""扎土盖"等，被称为"高度浓缩了的土家族文化"。

张家界武陵源景区
致广大游客朋友的一封信

亲爱的游客朋友们：

三千翠微峰、八百琉璃水。武陵源是张家界旅游的发源地和主阵地，被誉为"放大的盆景、缩小的仙境"，堪称大自然的"大手笔"。武陵源是一幅天然的画，时间为笔，风雨为墨，纤手一挥，即是无尽壮阔。初见你，惊愕；再见你，不舍。

为确保广大游客朋友度过一个安全、欢乐、祥和的旅游假期，现温馨提示如下：

1. 交通到达

1. 在您到达张家界高铁西站后，可选乘至武陵源区的班线车（10分钟一趟，票价13元）或出租车（车程30分左右）。

2. 在您到达张家界荷花飞机场后，先乘坐出租汽车或者4路公交车到市城区中心汽车站，再选乘至武陵源区的班线车。

3. 在您到达张家界火车站后，先步行至市城区中心汽车站（火车站旁），再选乘至武陵源区的班线车。

4. 自驾游的您，可在武陵源交通枢纽、杨家界交通枢纽、张家界西交通枢纽下高速抵达武陵源区。

2. 景区预约

张家界武陵源景区（张家界国家森林公园）实施分时分站预约入园，首次入园的旅行社团队和散客须先实名预约，并严格按照预约时间、门票站点检票入园，提倡通过"张家界一机游"微信小程序实名制预约购票、快速检票入园；景区内的天子山、袁家界、杨家界高台游览线实施单线循环措施，请合理安排行程，不走重复路、回头路的游览线路。

3. 安全出行

为了保障您的生命财产安全，请选择乘坐合法营运车辆出行和游览，坚决抵制和拒绝乘坐非法营运车辆；严格遵守防火相关规定，不在易燃物聚集地或有防火提示的地方吸烟、烧烤或者使用明火。

4. 文明旅游

遵守公共秩序、爱惜公共设施，做好个人防护、安全游览；文明用餐，使用公筷公勺，杜绝餐饮浪费，践行"光盘行动"；保护生态环境，倡导文明、健康、绿色旅游新风尚，做文明游客。

5. 合理维权

参团请选择合法、优质、诚信的旅行社，要签订正规的旅游合同；购买旅游产品，要保管好发票及商品服务协议，如遇旅游行程中发生纠纷等情形，应保持冷静，不

采取过激行为，向有关部门反映问题。可致电 12345（市长热线）、12315（消费者投诉热线）、0744-5618331（武陵源辖区，文化旅游投诉部门热线）。

"功成拂衣去，归入武陵源。"祝广大游客朋友们在张家界武陵源景区度过一个轻松、愉快的旅游假期！

中共张家界市武陵源区委旅游工作委员会办公室

2023 年 8 月 4 日

2023 年张家界荷花国际机场夏秋季航班出港航班时刻表（国内／国际）

序号	航线	机型	航班号	起飞时间	到达时间	周班期
1	张家界—广州	32S	CZ3382	0705	0845	每天
2	张家界—太原	32S	HO1917	0950	1155	1.3.5.7
3	张家界—昆明	32S	HO1751	1015	1200	1.3.5.7
4	张家界—成都（天府）	319	CA2676	1025	1220	每天
		ARJ	EU2726	1720	1905	2.4.6
5	张家界—上海（浦东）	73E	FM9344	1920	2115	每天
		32S	HO1048	2120	2325	每天
		73L	FM9342	2320	0130	每天
6	张家界—温州	73E	FM9554	1115	1305	1.5.7
		32S	HO1842	2240	0040	每天
7	张家界—汕头（揭阳）	73N	CZ8628	1120	1310	2.4.6.7
8	张家界—南京	738	SC7950	1210	1350	每天
		32S	HO1752	1525	1705	1.3.5.7
		31Z	3U3003	1650	1840	2.4
		32S	HO1778	2200	2340	1.3.4.5.7
9	张家界—岳阳	ARJ	EU2725	1225	1330	2.4.6
10	张家界—洛阳—银川	73E	FM9560	1300	1425	每天
				1455	1700	
11	张家界—天津	32C	GS7846	1920	2140	1.3.5.7
12	张家界—济南	320	GT1035	1315	1510	1.3.5.7
		738	SC8432	1950	2150	2.4.5.6
13	张家界—兰州	320	MU2256	1405	1610	每天
		32A	HO1841	1545	1740	每天
14	张家界—北京（大兴）	73K	CA8610	1645	1905	2.4.6
15	张家界—北京（首都）	738	CA1954	2130	2355	2.3.4.5.6.7
16	张家界—扬州	320	9C6712	1850	2035	3.5.7
17	张家界—南昌—青岛	321	QW9866	1900	2015	2.4.6
				2045	2300	
18	张家界—海口	320	GT1036	1915	2120	1.3.5.7
19	张家界—徐州	319	GT1074	1935	2120	2.4.6
20	张家界—郑州	73Q	CZ5942	2140	2330	每天
21	张家界—惠州	32S	HO1918	2205	2350	1.3.5.7
22	张家界—杭州	32S	HO1820	2330	0130+1	1.2.3.5
23	张家界—福州	737	FU6794	2155	2355	2.6
24	张家界—西安	319	MU2432	2245	0015+1	每天
		31Z	3U3272	2315	0040+1	1.2.3.4.5.7
25	张家界—常州	320	MU2708	2355	0105+1	4.5
1	张家界—越南河内		QW6171	1200	1320	2.4.6 (4.13-10.28)
2	张家界—越南河内		VJ7867	2215	0005	1.3.5
3	张家界—越南胡志明		VJ2553	2130	0100	2.4.7

温馨提示：以上航班时刻可能临时调整，避免影响旅客出行，欢迎提前咨询张家界荷花国际机场
售票电话：0744-8238465 机场问询：0744-2233666 机场货运：0744-8238383

2023 年张家界荷花国际机场夏秋季航班
进港航班时刻表（国内／国际）

序号	航线	机型	进港航班			周班期
			航班号	起飞时间	到达时间	
1	广州—张家界	32S	CZ3381	2310	0050	每天
2	太原—张家界	32S	HO1918	1900	2115	1.3.5.7
3	昆明—张家界	32S	HO1752	1305	1440	1.3.5.7
4	成都（天府）—张家界	319	CA2675	0740	0930	每天
		ARJ	EU2725	0945	1140	2.4.6
5	上海（浦东）—张家界	73E	FM9343	1610	1830	每天
		32S	HO1047	1810	2035	每天
		73L	FM9343	2010	2235	每天
6	温州—张家界	73E	FM9553	0835	1030	1.5.7
		32S	HO1841	1300	1500	每天
7	汕头（揭阳）—张家界	73N	CZ8627	0830	1030	2.4.6.7
8	南京—张家界	738	SC7949	0935	1125	每天
		32S	HO1751	0745	0930	1.3.5.7
		31Z	3U3004	1945	2145	2.4
		32S	HO1777	1930	2115	1.3.4.5.7
9	岳阳—张家界	ARJ	EU2726	1535	1635	2.4.6
10	银川—洛阳—张家界	73E	FM9559	0800	1010	每天
				1040	1210	
11	天津—张家界	32C	GS7845	1555	1830	1.3.5.7
12	济南—张家界	320	GT1036	1615	1825	1.3.5.7
		738	SC8431	1650	1900	2.4.5.6
13	兰州—张家界	320	MU2255	1100	1305	每天
		32A	HO1842	1840	2100	每天
14	北京（大兴）—张家界	73K	CA8609	1315	1600	2.4.6
15	北京（首都）—张家界	738	CA1953	1800	2045	2.3.4.5.6.7
16	扬州—张家界	320	9C6711	1610	1800	3.5.7
17	青岛—南昌—张家界	321	QW9865	0640	0850	2.4.6
				0920	1040	
18	海口—张家界	320	GT1035	1015	1225	1.3.5.7
19	徐州—张家界	319	GT1073	1650	1850	2.4.6
20	郑州—张家界	73Q	CZ5941	1845	2020	每天
21	惠州—张家界	32S	HO1917	0720	0905	1.3.5.7
22	杭州—张家界	32S	HO1819	1955	2215	1.2.3.5
23	福州—张家界	737	FU6793	1925	2110	2.6
24	西安—张家界	319	MU2431	2025	2155	每天
		31Z	3U3271	1435	1605	1.2.3.4.5.7
25	常州—张家界	320	MU2708	2105	2250	4.5
1	越南河内—张家界		QW6172	1420	1730	2.4.6 (4.13-10.28)
2	越南河内—张家界		VJ7866	1740	2115	1.3.5
3	越南胡志明—张家界		VJ2552	1525	2030	2.4.7

温馨提示：以上航班时刻可能临时调整，避免影响旅客出行，欢迎提前咨询张家界荷花国际机场

售票电话：0744-8238465　机场问询：0744-2233666　机场货运：0744-8238383

张家界西站：
一个文明服务的窗口

　　朝发夕至，安全舒适；随着高铁时代的到来，张家界旅游业也不断得到高质量发展。为了让广大游客满意在张家界，张家界西站管理团队以开展优质服务为主旨，为广大乘客提供良好的服务设施，又在服务措施上更加具有人性化，于细微之处见真情。

　　目前，张家界西站已开通前往长沙、长沙南、北京西、广州南、深圳坪山、汕头、南宁东、上海虹桥、重庆、咸丰等方向的列车，开往长沙方向的列车大概保持在40分钟一趟，最早一趟开往长沙方向的动车是早上7:00，最晚是晚上9:30，黔常方向往长沙最快只需要1小时57分，运行里程317千米。

　　铁路订票电话：95105105　　张西客运服务热线：0745-2181488

为乘客解忧排难

行走的"风景"

　　为了传播旅游文明，扩大张家界的美誉度，张家界航站、张家界西高铁站、武陵源风景区门票站相继开设了"张家界"宣传窗口，供广大游客免费阅览张家界旅游读物。

全国劳动模范、全国三八红旗手袁谋文在武陵源风景区门票站积极宣传张家界

张家界航站宣传张家界

张家界西高铁站推介张家界

长沙银行
助力张家界旅游发展

长沙银行作为 2022 年首届湖南旅游发展大会（张家界）支持单位。自 2016 年 10 月开业以来，张家界分行累计投放涉旅贷款超 10 亿元，支持"吃住行游购娱"等旅游产业链市场主体 200 多家，其中包括远方的家、禾田居、茅岩河景区、天门郡莓茶等一批代表性的品牌企业，助力地方旅游经济发展，从而赢得了广大客户的信任与好评。

张家界园林广告传媒
传播城市文明　彰显品牌价值

户外 LED 广告　传播张家界文化品牌

张家界亿久建筑装饰
构筑人文"风景" 装扮精彩人生

装饰部分案例

古建筑（魅力湘西）　　　　　　古建筑（魅力湘西）

七星山索道站房及售票大厅　　　乌龙山寨

土家织锦项目　　　　　　　　　武陵源望云居

第4章

特　辑

TÈ JÍ

为什么我的眼里常含泪水？

因为我对这土地爱得深沉……

——艾青

一个人因为旅游而改变了人生，而一个地方也因为一个人增添了许多韵味。用真情表达的文字也更具有顽强的生命力！

张家界需要一百个流云

文 / 欧阳斌

兔年大年初一，我正在长沙享受与家人团聚、含饴弄孙的快乐，流云先生兴冲冲地从张家界打来电话，除了拜年，就是告诉我，他将于 3 月 1 日在长沙组织的"张家界之春"文化旅游融合发展促进会暨"流云有约"湖湘文化旅游大讲堂启动仪式，已经得到了谢资清、叶文智、

2022 年 7 月 3 日，张家界市政协主席欧阳斌到刘云家中走访

曹泽云、鲁明勇等业界名流的支持，并已得到了市内相关领导和单位的支持。我说，我对你的活动也是支持的，对一切有利于张家界的营销策划活动都是支持的。

我们说着说着，不知怎么说到了"墙内开花墙外香""张家界旅游的发展要留得住人才"这些话题。我有感而发，随口说道："张家界旅游需要人才，也容得下人才，我们需要一百个流云，也容得下一百个流云。"没想到这些话深深地触动了流云，流云当天就在微信圈中公开宣传了我的话，并私信我，希望我以"张家界需要一百个流云"为题，为他 3 月 1 日的活动再写几句话，我欣然应允。

我说"张家界需要一百个流云"，是随口说出，但不是信口开河。

流云其实叫刘云，出生于张家界市永定区西溪坪办事处田家坊村，是实

实在在的张家界本土人士，流云是其笔名。流云一岁丧母，少时家贫，因命运坎坷曾在永定区合作桥乡、罗水乡、三岔乡等地四处漂泊而饱尝生活艰辛，高中只读了一年就被迫中止了学业。就是这个读书不多的人，一辈子却嗜书如命，与书结缘甚深。从年轻时开书店谋生，到中年以书为媒，结交天下豪杰，渐老之后，自编自写，书行天下，一个高中肄业生，还真的就"著作等身"了。中国作家协会原副主席、著名作家陈建功曾为其赠言，"是苦难造就一个人的精神魅力，是苦难造就一个地域的文化品格"。

2023 年 3 月 1 日，张家界市政协副主席李文化（中）、省旅游协会会长叶文智（右一）、湖南师范大学艺术学院院长李少波（左一）与流云相会在长沙

2023 年 3 月 21 日，流云应湖南师范大学旅游学院邀请作旅游专题讲座

我在省旅游局工作时，即认识流云，知道他组织过张家界导游万里行等活动，编过张家界一些宣传资料，是一个特别勤奋、为宣传张家界舍得拼命的人。到张家界工作后，我在市政府工作，流云是市文旅局一名普通工作人员，从行政角度来说，我们隔着一些层次，但流云要找我的时候，总有他充足的理由，我们交往颇多。后来，我支持市文旅局搞了个旅游智库研究院，因行政人员不能任职，流云就成了理事长的最佳人选。去年，流云快退休时突然来找我，一是对旅游智库研究院有些留恋，表达了对其前途的担忧；二是对自己的未来有些茫然。我说：你对旅游智库研究院前途的担忧是可以理解的，

2023 年 5 月 25 日，长沙银行股份有限公司党委书记、董事长赵小中接受流云赠书：《中国旅游营销张家界范本》

这个要按规定和程序办；至于你退休之后的事情，我敢肯定地预测"那会很精彩"。因为，在张家界旅游行业摸爬滚打几十年，你已积聚了丰富的实践经验，广泛的人脉资源，再加上你勤学善思，出了那么多书，有了那么多案例，你流云本身就已经是个品牌，完全可以打响。

"我流云也是品牌吗？"流云似乎还有些不太自信。"那当然，流云是依托张家界这个大品牌成长起来的，张家界名震中外，流云也完全可以闻名遐迩。"我进一步鼓励他。果然，退休之后，流云放开了手脚，从退休到现在，出了好几本书，组织了好几个营销活动，都非常成功。流云从这些成功中找到了方向，更重要的是找到了自信。流云是市政协老委员，作为一个年过六旬的退休之人，他的执着精神深深地感动了我。他退休后，我应邀去过他家一次，为他题了"天门洞开，流云吉祥"几个字，意思是只要流云像天门洞那样敞开心扉，无拘无束地为张家界的发展鼓与呼，晚年一定是幸福而又吉祥的。我的这几个字，流云自然喜欢。我说张家界需要一百个流云，"一百"是不定指词，实则是说，从旅游营销的角度来讲，像流云这样不以年长而避世，不以位卑而妄言，不以学浅而畏写，不以力弱而惧行的思想者、执行者、开拓者，在张家界是越多越好。岂止是一百个"流云"，一千个、一万个"流云"我们都需要。

"需要"是一种愿望，"容得下"是一种状态，是一种人才环境。我说"张家界容得下一百个流云"，是针对张家界的过去而言，也是针对张家界的现在和未来而言。张家界有绝版的旅游资源，1988 年才建市，34 年来，张家界一直以负重者、开拓者、勇毅者、追赶者的姿态在前行，执政者从来没有忘记人才的重要性，特别是旅游人才的重要性。

从叶文智的飞越天门到孙寅贵的百龙天梯，从张同生的翼装飞行到陈志冬的玻璃桥奇迹，从赵文星的七星山"天空之城"到茅岩河的"心湖"、杨胜勇的冰雪世界、姜军的七十二奇楼、罗长江的《大地》、山水组合的《你莫走》等等，是张家界的"三千奇峰、八百秀水"为那些怀揣奇思妙想的"天才们"抑或是"疯子们"提供了广阔而奇特的想象空间。

如果有人说张家界这块土地出不了人才、容不下人才，我是不赞同的。去年，我支持市文旅局出版的《中国旅游营销张家界范本》，便是张家界三十多年风起云涌的旅游营销史的一个小结，更是各路"英雄豪杰"在张家界大展拳脚的一个缩影。我长期从事旅游工作，在张家界工作也已七年多，见证了许多奇迹的产生。作为执政者中的一员，我深知张家界高层对人才，尤其是旅游人才发自内心的关心与尊重。

2022 年 3 月 19 日，湖南举行首届全省旅游发展大会新闻发布会，省文化旅游厅厅长李爱武与张家界市委书记刘革安等出席。湖南经视新闻采访报道了张家界市文化旅游智库研究院理事长刘云表达民意

就说流云吧，流云有流云的许多优点，但流云个性中那种因童年时受欺负太多而养成的过度"自尊"，流云有时不分场合的"大胆直言"和"执着"，并不是所有人都能接受的，可从书记到市长，张家界的许多领导都是流云的好朋友，这其中一个重要的因素就是"容"，就是张家界有容纳人才之量。人才是生产力第一要素，

2022 年 9 月 13 日，湖南卫视新闻联播"世界的张家界"系列报道中，张家界市文化旅游智库研究院理事长刘云接受记者访谈中称："张家界本身的产品的品质，它就是具有世界级的。特别这次旅发会，那么呈爆发式的宣传，以后带来的是国际影响力，服务都要慢慢地、不断地具有国际化的这种进程水准。这是张家界人的使命，也是省委、省政府，包括大家对张家界的期望。"

得人才者得天下。

三十多年的追赶，已经让张家界由"养在深闺人未识"，成为今天中国旅游的标杆，湖南旅游的龙头。特别是去年，首届湖南旅游发展大会的成功举办，再一次为张家界奠定了湖南旅游的"霸主"地位。未来的张家界，其奋斗目标是加快建设世界一流的旅游目的地。张家界深知过去的追赶，引才、聚才起了关键的作用；也深知未来的比拼，更需要引才、聚才。张家界正在用自己的行动向世人宣告：我们需要流云，需要一百个流云，也容得下一百个流云。一百个流云会有一百个流云的奇思妙想与鲜明个性，一百个流云会有一百个流云的"独门武功"与雄才大略，张家界有能力、有信心容纳他们、关心他们、支持他们，为每一个流云提供能够充分发挥和展示其才华的舞台。

三年疫情，中国旅游的许多格局和规则都在发生改变，但"人才兴旅"的方略不会变。随着国家新冠病毒疫情防控政策的调整，张家界已宣布今年为"旅游全面复苏年"。流云组织的"张家界之春"活动恰逢其时。希望这个活动，是一次湖南文旅深度融合的探讨会，是一次为张家界旅游全面复苏鼓劲加油的"诸葛会"，也是一次为张家界招贤聚才的"群英会"。

天高任鸟飞，海阔凭鱼跃。期待着流云先生充分发挥其聪明才智，为张家界旅游营销作出更大的贡献；也期待着更多的"流云先生"，涌入张家界、扎根张家界、"痴迷"张家界、营销张家界，来共同托起张家界旅游辉煌的明天，托起湖南旅游、中国旅游辉煌的明天。

一花独放不是春，万紫千红春满园。春天，不会辜负每一个热爱者、执着者、奉献者。

欧阳斌

写于 2023 年 1 月 23 日（农历正月初二）

（欧阳斌：长期从事旅游工作，现任湖南省张家界市政协党组书记、主席。已出版多部旅游与文学专著，其旅游策划专著《中国旅游策划导论》《实话实说》已收入多所大中专院校旅游院校的教材，中国旅游界资深策划专家）

张家界日报
ZHANGJIAJIE RIBAO
主流媒体 用心说话

记事

E-mail:272273702@qq.com
本报责编/郭红卷 版式/郭丝 校对/阳立春 罗德杰
2023年2月3日 星期五

3

旅途发现

张家界需要一百个流云

□欧阳斌

兔年大年初一，我正在长沙享受与家人团聚，含饴弄孙的快乐。当也养孙的兴冲冲地从张家界打来电话。除了拜年，就是告诉我，他将于3月1日在长沙组织的"张家界之春"文化旅游融合发展促进会暨"流云有约"湖湘文化旅游大讲堂启动仪式，已经得到了谭清濂、曹泽江、鲁明勇等业界名流的支持，并已得到了市内相关领导和单位的支持。我说，我对你的活动是支持的，对一切有利于张家界的营销策划活动都是支持的。有了我说的，不知怎么说到了"墙内开花墙外香"，"张家界旅游的发展要留得住人才"这些话题。我有感而发，随口说道："张家界旅游需要人才，也得得下一百个流云，也得得下一百个流云。"没想到这些话深深地触动了流云，流云当天就在微信圈中公开宣传了我的话。并私信我，希望我这个"张家界需要一百个流云"为他3月1日的活动再写几句话，我欣然应允。

我说"张家界需要一百个流云"，是随口说出的。刘云，出生于张家界市永定区西溪坪办事处田家坪村，是其名。流云一岁夭母，少时家贫，因命运坎坷曾在永定区合作桥乡、罗水乡、三合乡等地四处漂的而饱尝生活艰辛，高中只读了一年就被迫中止了学业。就是这个读不起书的人，一辈子却痴书如命，与书结缘甚深。从年轻时开书店谋生，到中年以书为媒，结交天下豪杰，衰老之后，自编自写，行行天下，一个小中缝业土，著作等身了。中国传家协会原副主席，著作家陈建功曾为其题字，"是等是等等了。"我当惊羡深深地触动了我。他退休后，我应邀去过他家一次，为他题了"天门洞开，流云吉祥"几个字，意思是只要流云家天门洞畔峰峦开心扉，无拘无束地为流的发展鼓与呼，我就一定是幸福而又祥和。流云是这个人，可以不记到长。虽是所有人都能被会的，可从不记到长。张家界的许多领导都是流云的好朋友，这其中一个重要的因素就是"容"，就是张家界有容纳人才之量。人才是生产力第一

要素，得人才者得天下。三十多年的追赶，已经让张家界由"养在深闺人未识"，成为了今天中国旅游的标杆，湖南旅游的龙头。旅游是去年，首届湖南旅游发展大会的成功举办，再一次为张家界奠定了湖南旅游第一地位。未来的张家界，其含斗目标是加快建设世界一流旅游目的地的追梦。引才、聚才到了关键的节点；我们需要更多的、更深知的流云。张家界正在用自己的行动彻写着：我们需要流云，奇思妙想与鲜明个性、一百个流云会有一百个流云会有一百个流云会有一百个流云会有一百个流云的"独门武功"！有个人内容纳他们、关心他们、支持他们，有与容提供能够充分发挥和展示其才华的舞台。

三年疫情一《中国旅游的许多格局和规则都在发生改变，但"人才兴旅"的方略不会变。张家界宣布今年为"旅游全面复苏年"。流云组织的"张家界之春"活动恰逢其时。希望这个活动，是一次湖南文旅深度融合的一次研讨，是张家界旅游全面复苏鼓动加油的"诸葛会"，也是一次为张家界招贤聚才的"群英会"。

天高任鸟飞，海阔凭鱼跃。期待着流云先生充分发挥其聪明才智，为张家界旅游营销付出更大的贡献；也期待着更多的"流云先生"，涌入张家界，扎根张家界，成为"旅逃"张家界、营销张家界，来托扎起张家界旅游辉煌的明天，托起湖南旅游、中国旅游辉煌的明天。

一花独放不是春，万紫千红春满园。春天，我不会辜负每一个热爱者、执着者、奉献者。

写于2023年1月23日

雪树银花 林廖君 摄

人生因旅游而改变

——记张家界市旅游协会导游分会秘书长刘云

文 / 全迎春

在张家界，刘云这个名字虽不能说家喻户晓，但在当地大小也算是个名人。从一个街头摆书摊的到如今的张家界市旅游协会导游分会秘书长，一路走来，刘云自己说，是旅游改变了他的一生。刘云爱上旅游这一行，与他爱书有关，"20 世纪 70 年代，在乡村的小路边，一位穿着寒酸、一天到晚守着小人书摊过活的少年，那就是我。"今年 51 岁的刘云，日前在接受记者采访时，给记者讲起了他和旅游的故事。

因为爱书而爱上旅游

"1 岁多就没了娘也没有兄弟姐妹的我，童年时，常常是吃了上顿没下顿。我只有一个爱好，就是喜欢看小人书，书中的故事能让我忘记饥饿，也让我增长了知识，结识了很多朋友。"初中毕业后，由于家庭困难刘云没有继续上学，于是书摊成了他生存和追求人生的唯一目标。后来，刘云在张家界一所职业学校门口租了一个门店，开始了他从农村走进城市的生活。"那时，张家界市除

1987 年 3 月 1 日，《中国青年报》头版头条报道了《好青年刘云乐为"卖书郎"》

了新华书店就只有这个书店了。不足 20 平方米的地方，让我结识了许多文学青年和作家，也让我渐渐地爱上了文学爱上了写作。白天我为书店的生意奔波，夜晚就埋头写作。"有耕耘就有收获，1989 年，刘云在《年轻人》杂志上发表了处女作《父女泪》。"一天，我收到一封来自

《南方都市报》重点推介"张家界导游万里行"

外地的信，信是一位曾光顾过我书店的游客写的，这位游客建议我应多出售一些有关张家界旅游方面的书籍。"刘云感激地说："这个建议点醒了我，我是土生土长的张家界人，早就想为自己的家乡做点事，于是我开始关注张家界旅游市场和相关的书籍。"

那是 20 世纪 90 年代初，张家界因旅游建市不久，当时到张家界的游客越来越多，但有关旅游方面的书籍却极少。刘云跑遍了全市的大街小巷，只寻到了一两个版本的《武陵源》旅游风光画册，刘云如获至宝，带着《武陵源》的风光画册，当起了流动的卖书郎。其实，刘云很喜欢旅游，由于家境的原因，他从未奢望过自己有一天也能去旅游。但是，越来越多的游客涌向张家界后，他知道，是家乡的美丽风光，让这些游客坐飞机乘火车从全国各地甚至从国外来到这里，他要尽自己的力量宣传家乡。有一天，他走进一家酒店，碰见一位熟人在里面开商场。"望着货架上的商品，我想把这些风光画册放在上面寄卖，没想到这位熟人答应试试。"让刘云更没想到的是，寄销的 20 本画册很快就卖完了。这个信息让刘云兴奋极了，之后，他又在公园大门口的小卖部里寄放了几本，结果也都卖完了。当 400 多本《武陵源》风光画册从刘

云手中销完后，他感悟到，旅游需要信息、需要宣传，他要把张家界的旅游写进他的书里。

为宣传家乡"不择手段"

20 世纪 90 年代，张家界的风光画册和导游图成了炙手可热的纪念品。刘云突然冒出自己编辑出版风光画册的想法。当了解到编辑出版一本书的所有流程后，只上过中学的刘云感到比登天还难。

1993 年，刘云在北京机场候机室，读到一本免费赠送的小册子，其内容有别于一般的画册，除了风光介绍外，还有服务于游客的实用信息，且携带方便，便于收藏，他感到张家界旅游市场也需要这样的小册子。回到张家界，他开始琢磨起这事。首先是资金问题。因为这个小册子的内容是综合性的，涉及旅游的六大要素，仅找一家单位出资支持是无法达到预期目标的。刘云先将自己的设想做成样本，找到相关部门去游说，待认可后，接着去拜访当地旅游企业的老总，有的老总觉得这个小册子与过往的宣传资料没什么两样，有的老总认为他不可能将此事办成。只有黄石寨景区的老总被刘云的执着、

流云率领"张家界导游万里行"小分队在河北石家庄宣传张家界

诚心、决心深深地打动，答应出资赞助。这位老总的行为，极大地激励了刘云，他告诉自己："一定要把这本册子印制出来！"由于资金不够，刘云自掏腰包 5 万元，将《张

湖南卫视报道"张家界导游万里行"在台湾的活动

家界旅游资讯》印制出版。1994 年，集旅游资源介绍、公共实用信息、旅游产品线路开发、旅游文化动态、重大营销事件于一体的综合性旅游服务宣传资料——《张家界旅游资讯》诞生。之后，这个小册子便免费出现在机场、车站、饭店、景区等公共场所。不久，刘云收到了一位旅游企业老总的来信："《张家界旅游资讯》做得很专业，很耐读，以图文并茂形式整合了张家界的旅游资源和公共信息，它将成为企业促销的好帮手。"《张家界旅游资讯》免费投放点在不断增加，还免费送到游客手中，成为旅游节庆活动指定的宣传资料，印制的数量有时一期就高达 8 万份。由此，《张家界旅游资讯》成为刘云做旅游宣传的一个品牌。同时，也得到了政府和旅游企业在资金上的鼎力相助。

业内人士为此算了笔账，认为，刘云自筹的宣传资金相当于为政府节约了近 300 万元的旅游宣传经费。

翻阅手中已是第 20 期的《张家界旅游资讯》，刘云对记者说："最先由个人创办到游客需求，到企业认可，再到政府肯定，个中滋味只有经历过了的人才能有体会。"

1996 年春节前夕，张家界国家森林公园管理处委托刘云印制 15 万份《张家界旅游指南》，当时，全国彩印厂家很少，为了确保印刷质量，刘云跑到广州、北京等城市印刷出版，为了节约资金，大多时间他都是租住在

2011 年，张家界市旅游协会导游分会在无锡举办"张家界导游万里行"活动，并与无锡相关机构签订友好合作协议

地下室。"临近春节时的北京寒风刺骨，地下室很冷。"大年三十的晚上，刘云抽空上街给家里打了一个电话，6 岁的儿子阳阳在电话那头说："爸爸，在外面好不好？有人欺负你就跟我说啊。"握着话筒的他泪流满面。当年 6 月，为赶印以"美的祝福"为主题的《张家界风光贺卡》，他要去广州。出发前，儿子阳阳想跟着去，刘云没答应。不想走后的第三天，接到家里电话，他的儿子阳阳突遭不幸去世。得知这消息后他失声痛哭："如果 3 天前答应带他来，儿子也许就不会出事了……"家人将阳阳葬在张家界机场和火车站附近，此后，每次出差时，他都依稀听见阳阳对他说："爸爸，祝你平安！""孩子的话，让在外奔波的我变得坚强。"刘云眼含泪水说。

之后他创作出版了《邂逅张家界》散文作品集；编著了《我与导游那些事儿》；策划编印了中英日韩文版的《天下奇山张家界》《天下最美的地方：张家界》《人间仙境张家界》；策划了《张家界故事》等系列旅游文化丛书；策划出版了《导游张家界》，并将该书赠送给张家界的导游员们；主编了《畅游武陵源》；编著了《中国张家界旅游必读》等。

追星为的是让家乡更知名

在大多数人眼里，追星是青少年的事，但是，60 后的刘云也喜欢追"星"，只是，他的追法和目的很特别。

1993 年 9 月，卖书郎出身的刘云参加"北京第二届图书节"，在名人大师与读者见面签名售书活动中，他意外地看见了画家吴冠中。"我清楚地记得吴老在 1979 年到过张家界，以一篇《养在深闺人未识》和一组《自家斧劈——张家界》的绘画让张家界享誉天下。"刘云回忆，他告诉吴老自己是张家界人，并问吴老还记得张家界吗？"就是'张家界'三个字打动了吴老，当时他停下手中的笔抬头看看我，就像见到家乡人一般，随即与我热情地攀谈起来。想不到这样的场景感染了来自天津的记者，迅速为我们按下快门。这张照片让我开始了与吴老的不解之缘。"刘云说。

1995 年，刘云到北京编辑印制《张家界》风光画册，将吴冠中的《养在深闺人未识》文章收集其中，并附上与吴冠中的合影。没想到印刷厂的一位同志见到版样后对这张合影产生了兴趣，并说曾为吴冠中做过画册，与他很熟悉。刘云当即就让这位同志帮忙联系吴冠中，想请他为这本画册题写书名。这位同志便将吴老家中的电话号码告诉了他。很快，刘云与吴老又联系上了，吴老答应了他的请求。在吴老的家中，吴老为刘云题写了"张家界"三个字，并赠送他一本法文版的《吴冠中画集》，还建议他将《自家斧劈——张家界》绘画编入即将印制的张家界风光画册中。吴老去世之后，在刘云的努力下，吴冠中的雕像在张家界落成。从此，吴冠中与他发现、推介的张家界永远地在一起了。这对拓展张家界品牌的内涵，不断提升张家界知名度、美誉度和旅游竞争力，意义重大。

至今，刘云还清楚地记得 1996 年那天在北京亚运村与著名影星刘晓庆的一次"握手"。因一个偶然的机会，刘云从报纸上了解到刘晓庆刚参加完连续剧《武则天》的开机典礼，又要去深圳举办"晓庆牌"化妆品的新闻发布会。刘云了解到，刘晓庆很看重她的化妆品系列的开发与营销。于是，一个奇妙的念头涌出：是否能与她合作为张家界做宣传呢？就在这时，有朋友向他透露了刘晓庆的地址和电话号码，他决定要见一见刘晓庆。朋友劝他不要去碰钉子，因为刘晓庆名气太大了。但他不顾众人劝说，找到了刘晓庆。在交谈中，刘云问刘晓庆："您还记得我们张家界吗？"刘晓庆说，拍电影《芙蓉镇》时到过张家界。刘云说："刘小姐所了解的是80年代的张家界，与今日的张家界是有差别的。"说着便将随身携带的《张家界》画册、张家界电视风光录影带和风光邮册等放在刘晓庆的写字台上，对她说："如果我是你，一定要在张家界每年接待160多万人次中外游客身上做'文章'。因为活广告比媒体广告要实在得多！"刘云阐明了自己可以在张家界旅游指南上做"晓庆牌"化妆品免费广告，但刘晓庆必须写上一句能关联上张家界的话，并且以后还要在其他场合帮助推介张家界。刘晓庆见他说得恳切、在理，终于同意将她在《武则天》中的"武媚娘"剧照刊登在该广告上。

一次次推介张家界的经历，让刘云感悟到：无论身份地位有多高，名气有多大，只要说到"张家界"，多遥远的距离都能拉近，因为，张家界太美了。所以，刘云把宣传张家界，作为自己的责任和义务。

2002年以来，刘云策划并成功举办了5次"黄石寨索道杯"导游风采大奖赛；策划举行"张家界导游万里行"赴广州、北京、上海、台湾等促销张家界的活动；策划举办"张家界导游大讲堂"；策划将导游维权和为导游排忧解难的主题纳入维护张家界旅游市场稳定和发展的品牌宣传推介之中等。如今，刘云已应邀担任了7家旅游企业的宣传策划顾问。刘云说："我所展示的，是我对张家界家乡的赤子情怀，因为，我是一名张家界永远的'歌者'！"当年的乡村卖书郎，如今已先后当选为张家界市政协第五届、六届委员会常委，连续三届张家界市旅游协会导游分会秘书长。

刘云从一名为生计奔波的卖书郎到张家界旅游名人，是旅游将他雕饰成玉，他的人生因旅游而改变。

（刊登于《中国旅游报》2013年10月25日人物版）

中国旅游报

中国旅游报 CHINA TOURISM NEWS　　人物　　编辑：卜小平 电话：010-85166121 E-mail：bxp@ctnews.cn　7版

2013年10月25日 星期五

●平凡岗位

心灵美的土家族导游谭桂兰

□陆令寿

湖北恩施大峡谷土家族导游谭桂兰，生得小巧，长着瓜形脸，皮肤黝黑，脸上有着同山里人特有的小黑脸，她的声音很亮，又甜又脆，像天空中的百灵鸟。她一开口，不用半分钟的讲话，你立刻就会记住她。

那天早上，谭桂兰给我们这个旅游团唱了一支土家族的歌，太阳从云雾中探出半个头来，让太阳也亮起来了。那8公里多的石板栈道，尽收眼底。小谭说，这座峡谷景区有个绝壁，可是高耸的岩壁很出奇，它左右两峰形成的喇叭相对，有着8000万年的历史。这就把历史上唯一一个不同年代的岩层串上来。

下了瀑布，小谭带着我们在山间的石阶上越走越有力，几个不一会就达开辟路。气喘吁吁，小谭管着蓝个蓝绿色，走起路来却那样轻松，像山如履平地，她的歌声阵阵……

……

谭桂兰这个土家族导游的人啊，她的"嘴上工作"做得真好，她每逢一个客人，总能把游客当作亲人。"咱们一个啊我是这样想的……我们不能只图自己挣钱，得让游客满意……"

……

●美丽中国·美丽人生

人生因旅游而改变

——记张家界市旅游协会导游分会秘书长刘云

□本报驻湘记者 □全培春 文/图

在张家界，刘云这个名字虽不能说家喻户晓，但在当地大小也算是个名人。从一个新头揽书牌的到如今的张家界市旅游协会导游分会秘书长，一路走来，刘云自己说，是旅游改变了他的一生。刘云愿上旅游这一行，与他老书有关。上世纪70年代，在少时的小……

因为爱书而爱上旅游

"1岁多就没了妈也没有兄弟姐妹的我，童年时，常常是唯一上辈的……"

……

刘云策划组织的张家界导游节日行活动

追梦为的是让家乡更知名

……

为官传家乡"不停不息"

……

1993年，刘云率领20名的……

165

我上央视
当一回张家界"讲解员"

文 / 流云

2023 年 2 月 1 日至 2 日，CCTV-10 强档《跟着书本去旅行》分别播出"养在深闺人未识"（上、下集）。于是，名山张家界，名人吴冠中紧紧连在一起，而我作为讲述者当了一回"主角儿"。

早在 1979 年秋，著名画家吴冠中与张家界邂逅，他与这片山水结下了不解之缘，以"养在深闺人未识"美文让张家界向世人撩开了神秘的面纱。而在 1994 年，我到北京参加图书节活动并与吴老相识后成为忘年之交，他为我主编的《张家界》画册题写书名，又在家中三次接待我，并给我赠送了《吴冠中文集》与法文版《吴冠中艺术作品集》等。后来，吴冠中先生去世后，我向原张家界森林公园管理处建议而筹建吴冠中铜像获得支持，并得到清华大学美术学院及吴冠中家属的同意，黄石寨客运索道公司资助一百万元建成

了吴冠中铜像，也构成了一道独特的
人文风景。要了解张家界的历史背
景，吴冠中是绕不开的人物。但了解
吴冠中与张家界，我又是不二人选。
CCTV-10《跟着书本去旅行》栏目
组要拍摄"养在深闺人未识"时，张
家界市作家协会便直接推了我。如
此，导演与我进行了前期交流，实则
是考察我能否成为节目需要的角色。
不过，我很快通过了"面试"而当上
了节目中的"刘老师"。

严谨、细致、缜密、干练的处
事风格，年轻的导演十分尊重我，
她听取了我关于拍摄中的一些建议，比如从吴冠中先生当年走进张家界的
老路与张家界原始村落的拍摄路线，还有拍摄的内容等。在尊重吴冠中先
生原文"养在深闺人未识"的前提下，我们从吴冠中发现张家界之美到他
审视美与展现美，绘画与撰文的原发地，还有文中所描述的场景、人物、
动植物、地质地貌等相关知识结构、点、线、面的结合，拍摄的形式、动
与静的结合，从拍摄提纲到拍摄技术等无不体现出电视领域"国家队"的

专业水准。在参加拍摄过程中每天凌晨六点多，我便被化妆师叫醒后进行化妆，由于是"主角儿"，化妆环节是不能省的。拍摄过程中，一个眼神、一句话、一个肢体动作要反复拍摄直到几位摄影师满意为止。我终于体会到节目摄制工作有多么不容易！

旅游的本质就是审美。而一代艺术大师吴冠中学贯中西，他对张家界是情有独钟；而在他晚年时期还经常为张家界作义务宣传。比如央视原主持人

赵忠祥在"人与自然"中对张家界进行专题推介，吴冠中接受专访，他对发现张家界之美记忆犹新。我曾受市人民政府市长委派赴京邀请吴冠中再访张家界，他明确同意。可由于他年事已高，未能如愿。他还为我签字同意以他的名义设立文学艺术奖

等。对于 CCTV-10《跟着书本去旅行》之"养在深闺人未识"上、下两集，每集 20 分钟热播，有不少人认为对于张家界文化旅游融合发展是具有积极意义的。

为了弘扬吴冠中先生的探求美学真谛与崇尚自然的主旨，在征得吴冠中家属同意的前提下，我将以吴冠中"美的发现"为主题而推出与旅游相结合的研学旅行与文化交流活动。在文化为旅游赋能上再当一回推手。文化名人吴冠中与张家界是不老的神话！

后记

　　"萧瑟秋风今又是，换了人间。"自 2023 年 8 月以来，武陵源举行的自行车峰林穿行、汽车驿站等项目落地，天门山的翼装飞行、茅岩河的心湖之跳等精彩不断。没有做不到，只是想不到，"国际张"充满了无限生机！而今年三月一日，我策划并在长沙成功举办了"张家界的春天"文旅融合及企业品牌推广活动后，便开始筹划与编写《品味张家界》一书。从 1999 年出版《中国张家界旅游必读》开始，所编写的旅游读本不少，甚至于有人认为是读着我的书成长为旅游从业者的。而随着时代变迁，人们从互联网上可以了解许多旅游资讯，可传统的阅读与历史的沉淀需要一本具有可读性、实用性、典藏性强，不是纯粹的游记散文，又有别于一般性的导游讲解辞，兼具图文并茂，涵盖旅游诸多要素的文本呼之欲出。历经百日的打磨，尤其是在市人民政府、市文化旅游广电体育局、市财政局、武陵源区委、区政府等单位及有关领导充分肯定与鼓励下，并得到了湖南省机场管理集团公司、湖南地图出版社、张家界西高铁站、市文化馆、市博物馆、天门山旅游股份有限公司、大峡谷旅游管理公司、茅岩河旅游公司、黄石寨索道公司、黄龙洞旅游公司、冰雪世界、七星山景区等单位、个人给予了大力支持;《品味张家界》在编写过程中参考了陈自文、戴楚洲等人相关资料，覃文乐、彭斌、熊宗喜、龚朝阳等摄影师提供了优秀的摄影作品作为本书配图，至此一并感谢！因为时间仓促，加上编著水平有限，难免会出现错误，望予以指正，待修订再版时更正。愿一切更加美好！

流　云

2023 年 9 月 16 日于长沙

说明：本书部分图片、文字由相关景区管理机构提供，若有谬误之处，请与编著者联系，以便修订时予以纠正。

流云会客厅
新时代的影响力

读书识天下　品茶话人生

以书系友，以书育人。《流云会客厅》由张家界知名文化旅游人流云从网络传播到实体构造，它整合了银行、景区、酒店、民宿、餐饮、广告、装修、茶叶、礼品包装、文化艺术交流、图书编辑、设计、发行与网络直播及人物对话、旅游产品与品牌策划推广、商务洽谈等于一体。"流云会客厅"位于张家界市中心东门桥建材市场农业银行上方三楼。2023 年 5 月 28 日正式开启以来，有政界、商界、学术界、文化艺术等社会各界精英会集一堂，倾情交流；湖南省旅游协会致函表示祝贺。"流云会客厅，传递好声音。"

湖南省旅游协会贺辞

《品味张家界》读者反馈表

姓名：	单位或详细地址：	
文化程度：	职务：	电话：
何时何地阅读 《品味张家界》		
您对该书总体印象 （限150字以内）		

<table>
<tr><td colspan="5" align="center">您对该书具体评价
（可选择：很好、好、一般、差）</td></tr>
<tr><td>装帧设计</td><td>文字表达</td><td>图片效果</td><td>内容</td><td>实用性</td></tr>
<tr><td></td><td></td><td></td><td></td><td></td></tr>
</table>

您对该书的建议	

备注：本表可复制复印或自制，以电子文件格式发邮箱 540422155@qq.com，将择优寄赠由编著者流云先生签名的《品味张家界》一册。